A VÉGSŐ ÚJ-ZÉLAND GYORSKAJA KÖNYV

A ropogós kekszet készítésének mestersége

Zsóka Orosz

Copyright Anyag ©2023

Minden jog fenntartva

A kiadó és a szerzői jog tulajdonosának megfelelő írásos beleegyezése nélkül ennek a könyvnek egyetlen része sem használható fel vagy továbbítható semmilyen formában vagy módon, kivéve az ismertetőben használt rövid idézeteket. Ez a könyv nem helyettesítheti az orvosi, jogi vagy egyéb szakmai tanácsokat.

TARTALOMJEGYZÉK _

TARTALOMJEGYZÉK _ **3**
BEVEZETÉS **6**
REGGELI **8**

1. Rewena Paraoa (maori kenyér) 9
2. Kumara (édesburgonya) Rösti 11
3. Új-zélandi pogácsa 13
4. Kiwi és banán turmix 15
5. Hokey Pokey palacsinta 17
6. Feijoa és banán turmixtál 19
7. Sajtos és hagymás muffin 21
8. Új-zélandi pirított müzli 23
9. Pikelets citromtúróval 25
10. Zöld ajkú kagyló omlett 27
11. Kumara és Bacon Frittata 29
12. Kiwi és avokádó turmix 31
13. Új-zélandi szalonna és tojásos pite 33
14. Füstölt lazacos bagel krémsajttal 35
15. Mānuka méz és gyömbér teadélután 37
16. Sertéshús és Puha (Bogáncs) Reggeli Hash 39
17. Hangi reggeli pakolás 41
18. Sós sajtos pogácsa 43

NAGYOK ÉS ELŐÉTELEK **45**

19. Hagyma Bemárt 46
20. Mānuka mézes pirítós Ricottával 48
21. Kiwi salsa pirítóssal 50
22. Hokey pokey 52
23. Új-Zéland terek 54
24. Apróhal darabka 56
25. Délvidék Sajttekercsek 58
26. Sajt és Marmite tekercsek 60
27. Kumara (édesburgonya) chips Aiolival 62
28. Zöld ajakkagyló darabka 64
29. Paua (Abalone) Darabka 66
30. Spenót és feta pinwheels 68
31. Sertéshús és vízitorma kolbásztekercsek 70
32. NZ húsos pite falatok 72
33. Bárány Koftas mentás joghurtos mártogatóssal 74
34. Füstölt Kahawai Pâté 76

35. Mānuka mézzel és rozmaringgal sült mandula 78
36. Garnéla koktél 80
37. Sertés- és káposztagombóc 82
38. Grillezett cukkini és feta nyárs 84

FŐÉTEL 86

39. Linguine új-zélandi kagylóval 87
40. Új-zélandi lazac citromos vajas zselében 89
41. Pácolt új-zélandi bárány a grillen 91
42. Új-zélandi ökörfarkú pörkölt 93
43. Sütőben sült új-zélandi vörös snapper 95
44. Sült új-zélandi lazac mangó salsával 97
45. Grillezett új-zélandi vajhal babsaláta 100
46. Báránysült mézes mustármártással 103
47. Új-zélandi sütemények 105
48. Báránysült rozmaringgal és fokhagymával 108
49. Hangi stílusú csirke és zöldségek 110
50. Zöld ajkú kagyló paella 112
51. Új-zélandi húsos és gombás pite 114
52. Zöld Curry Pāua (Abalone) Keverjük Fry 117
53. Grillezett kék tőkehal citrommal és fűszervajjal 119
54. Őzgerinc és vörösboros rakott 121
55. Hāngī stílusú bárány- és zöldségpörkölt 123
56. Rewena Paraoa (Māori kenyér) Burger 125
57. Rák (szikla homár) farok fokhagymás vajjal 127
58. Új-zélandi zöld curry bárány 129
59. Hāngī csirke töltelékkel 131
60. Maori Forraljuk fel 133
61. Kék Cod Hal Tacos 135
62. Kiwi mázas csirke 137

LEVESEK ÉS LEVESEK 139

63. Zöld ajkú kagylólé 140
64. Kumara (édesburgonya) és sütőtökleves 142
65. Kumara (édesburgonya) és szalonnaleves 144
66. Zöld ajkú kagylólé 146
67. Sütőtök és paua (abalone) leves 148
68. Kagyló és burgonyalé 150
69. Sütőtök és szalonnás leves 152
70. Kūmara és kókuszleves 154
71. Zöldborsó-sonka leves 156
72. Sertés- és vízitormaleves 158
73. Új-zélandi tengeri leves 160
74. Hāngī Zöldségleves 162

KÖRETEK ÉS SALÁTÁK 164

75. ÚJ-ZÉLANDI SPENÓT GRATIN 165
76. HĀNGĪ-IHLETTE SÜLT BAB 167
77. KŪMARA ÉS SPENÓTOS SALÁTA GRILLEZETT HALLOUMIVAL 169
78. ÚJ-ZÉLANDI SPENÓT BEFŐZÉSE 171
79. HÁROMSZÍNŰ ÚJ-ZÉLANDI SALÁTA 173
80. ÚJ-ZÉLANDI BARNA RIZS ÉS KIVI SALÁTA 175
81. ÚJ-ZÉLANDI NARANCS PAPAYA RIZZSEL ÉS SALSÁVAL 177
82. KŪMARA (ÉDESBURGONYA) ÉKEK 180
83. HASSELBACK BURGONYA 182
84. ÚJ-ZÉLANDI BURGONYASALÁTA 184
85. KĪNAKI SALÁTA (PARADICSOM-AVOKÁDÓ SALÁTA) 186
86. KÁPOSZTASALÁTA ALMÁVAL ÉS DIÓVAL 188
87. SOWTHISTLE SALSA 190

DESSZERT ÉS ÉDESSÉGEK **192**

88. ÚJ-ZÉLANDI PISKÓTA 193
89. ÚJ-ZÉLANDI KIWI SAJTTORTA 195
90. ÚJ-ZÉLAND PAVLOVA 198
91. TIM TAM MEGFULLADT 200
92. HOKEY POKEY JÉGKRÉM 202
93. FEIJOA ELMORZSOL 204
94. MĀNUKA MÉZES ÉS DIÓS TORTA 206
95. MÁLNA ÉS FEHÉR CSOKOLÁDÉ SZELET 208
96. AFGÁN KEKSZ 210
97. KIWI ÉS EPER APRÓSÁG 212
98. NYALÓKA TORTA 214
99. ANZAC KEKSZ 216
100. ARANY SZIRUPOS PÁROLT PUDING 218

KÖVETKEZTETÉS **220**

BEVEZETÉS

Kia ora, szívből jövő üdvözlet, amely Új-Zéland melegségével és vendégszeretetével rezonál, és üdvözöljük egy olyan kulináris ódüsszeában, mint senki más – " A Végső Új-Zéland Gyorskaja Könyv". Ez a szakácskönyv több, mint receptek összeállítása; Ez egy elmerülés Aoteadélutánroa nyüzsgő utcáinak szívverésében, ahol minden étel egy történetet mesél el, és minden falat a kulturális hatások gazdag kárpitját foglalja magában, amelyek meghatározzák a Kiwi utcai ételélményt.

Ahogy lapozgatja ezt a szakácskönyvet, képzelje el magát, amint Új-Zéland nyüzsgő piacain és nyüzsgő utcáin sétálgat, ahol a grillsütők illata és az egzotikus fűszerek csábító hullámai összefonódnak. Az új-zélandi gyorskaja egy ünneplés – az ízek vibráló mozaikja, amely a kulináris hagyományok olvasztótégelyét tükrözi, az őslakos maoriktól a változatos csendes-óceáni közösségekig és a globális hatásokig, amelyek otthonra találtak ebben a csendes-óceáni paradicsomban.

Új-Zéland utcáin a nyüzsgésben az élelmiszer a társadalmi szövet szerves részét képezi. Ez egy olyan élmény, amely túlmutat a puszta eltartáson – ez egy közösségi ügy, egy közös öröm, amely összehozza az embereket. Ez a szakácskönyv felkérést ad arra, hogy merészkedjünk be a Kiwi utcai ételkultúra szívébe, ahol minden recept egy útlevél a nyüzsgő élelmiszerpiacokhoz, az eklektikus food truckokhoz és az utcákat benépesítő hangulatos standokhoz, amelyek ízek és textúrák kaleidoszkópját kínálják.

Készüljön fel egy olyan gasztronómiai kalandra, amely meghaladja a hétköznapokat. Fedezze fel az ikonikus kiwi ételek mögött rejlő művészetet, képzelje újra a hagyományos klasszikusokat egy modern csavarral, és merüljön el az innovatív fúzióban, amely Új-Zéland dinamikus gyorskaja szcénáját jellemzi. Akár tapasztalt kulináris rajongó, akár kezdő a konyhában, tekintse ezt a szakácskönyvet személyes útmutatónak az új-zélandi gyorskaja autentikus ízeinek újrateremtéséhez otthona szívében.

Így hát, miközben együtt utazunk Aoteadélutánroa nyüzsgő utcáin, ünnepeljük az ízeket, a történeteket és az új-zélandi gyorskaja által kínált legjobbak közös örömét. Az ikonikus klasszikusoktól az avantgárdig minden recept egy kulináris pillanatkép, egy ízletes narratíva, amely tiszteleg az új-zélandi gyorskaja-kultúra gazdag kárpitját alkotó különféle kultúrák és közösségek előtt.

Csatlakozzon hozzánk ebben a kulináris felfedezésben, ahol minden étel íze ünnep, és minden recept tisztelgés az általuk képviselt kultúrák előtt. Amikor behozza konyhájába Új-Zéland utcáit, a kényeztetés közös öröme emlékeztesse meg a kiwi utcai étel vibráló és ízletes élményét. Üdvözöljük az ízek, a hagyományok és Aoteadélutánroa utcáinak lenyűgöző vonzerejének utazásán – boldog főzést!

REGGELI

1.Rewena Paraoa (maori kenyér)

ÖSSZETEVŐK:

- 3 csésze liszt
- 1 csésze kovászos előétel (rewena)
- 1 teáskanál cukor
- 1 teáskanál só
- meleg víz (szükség szerint)

UTASÍTÁS:

a) Egy nagy tálban keverjük össze a lisztet, a kovászos előételt, a cukrot és a sót.
b) Fokozatosan adjunk hozzá meleg vizet, és addig gyúrjuk, amíg lágy, rugalmas tésztát nem kapunk.
c) Letakarjuk és meleg helyen pihentetjük néhány órát vagy egy éjszakát.
d) Melegítsük elő a sütőt 180°C-ra (350°F).
e) A tésztából kerek cipót formálunk, és sütőpapíros tepsire helyezzük.
f) Süssük 30-40 percig, vagy amíg aranybarna nem lesz.
g) Szeletelés és tálalás előtt hagyja kihűlni a kenyeret.

2.Kumara (édesburgonya) Rösti

ÖSSZETEVŐK:
- 2 csésze reszelt kumara (édesburgonya)
- 1 tojás, felvert
- 2 evőkanál liszt
- Só és bors ízlés szerint
- Olívaolaj a sütéshez

UTASÍTÁS:
a) Egy tálban összekeverjük a reszelt kumarát, a felvert tojást, a lisztet, a sót és a borsot.
b) Melegítsünk olívaolajat egy serpenyőben közepes lángon.
c) A kumara keveréket kanalazzuk a serpenyőbe, kis pogácsákat formázva.
d) Mindkét oldalát aranybarnára sütjük.
e) Forrón tálald kedvenc reggelid mellé.

3.Új-zélandi pogácsa

ÖSSZETEVŐK:

- 4 csésze önemelkedő liszt
- 1 doboz hétig
- 300 milliliter tejszín (vagy 1 1/2 csésze)

UTASÍTÁS:

a) Egy tálban keverjük össze a magától kelesztő lisztet, a Seven-up-ot és a tejszínt.
b) Késsel vágja össze az összetevőket, amíg el nem keveredik.
c) Körülbelül muffin nagyságú darabokat szaggatunk a tésztából.
d) Helyezze a tésztadarabokat egy tepsire.
e) Verjük le minden tésztadarab tetejét.
f) Előmelegített sütőben 220°C-on (425°F) süsd kb. 12 percig, vagy amíg a pogácsa aranybarna nem lesz.

4.Kiwi és banán turmix

ÖSSZETEVŐK:
- 2 érett banán
- 2 kiwi, meghámozva és felszeletelve
- 1 csésze natúr joghurt
- 1 csésze tej
- 1 evőkanál méz
- jégkocka (opcionális)

UTASÍTÁS:
a) Egy turmixgépben keverje össze a banánt, a kivit, a joghurtot, a tejet és a mézet.
b) Keverjük simára és krémesre.
c) Ha szükséges, adjunk hozzá jégkockákat, és keverjük újra.
d) Poharakba töltjük és azonnal tálaljuk.

5.Hokey Pokey palacsinta

ÖSSZETEVŐK:

- 1 csésze univerzális liszt
- 2 evőkanál cukor
- 1 teáskanál sütőpor
- 1/2 teáskanál szódabikarbóna
- 1/4 teáskanál só
- 1 csésze író
- 1 nagy tojás
- 2 evőkanál olvasztott vaj
- 1/2 csésze hokey pokey cukorka (vagy méhsejt), összetörve

UTASÍTÁS:

a) Egy tálban habosra keverjük a lisztet, a cukrot, a sütőport, a szódabikarbónát és a sót.
b) Egy másik tálban keverjük össze az írót, a tojást és az olvasztott vajat.
c) A nedves hozzávalókat a száraz hozzávalókhoz öntjük, és addig keverjük, amíg össze nem áll.
d) Hajtsa bele az összetört hokey pokey cukorkát.
e) A palacsintákat rácson vagy serpenyőben süssük aranybarnára mindkét oldalukon.

6.Feijoa és banán turmixtál

ÖSSZETEVŐK:

- 2 érett banán
- 1 csésze hámozott és apróra vágott feijoa
- 1/2 csésze görög joghurt
- 1/4 csésze hengerelt zab
- 1 evőkanál méz
- Öntetek: szeletelt banán, granola, kókuszreszelék

UTASÍTÁS:

a) Keverje simára a banánt, a feijoát, a görög joghurtot, a zabot és a mézet.
b) Öntsük a turmixot egy tálba.
c) A tetejére szeletelt banánt, granolát és kókuszreszeléket teszünk.

7.Sajtos és hagymás muffin

ÖSSZETEVŐK:

- 2 csésze univerzális liszt
- 1 evőkanál sütőpor
- 1/2 teáskanál szódabikarbóna
- 1/2 teáskanál só
- 1 csésze reszelt cheddar sajt
- 1/2 csésze apróra vágott vöröshagyma
- 1 csésze tej
- 1/2 csésze növényi olaj
- 1 nagy tojás

UTASÍTÁS:

a) Melegítsd elő a sütőt 200°C-ra, és bélelj ki egy muffinsütőt papírlapokkal.
b) Egy nagy tálban keverjük össze a lisztet, a sütőport, a szódabikarbónát és a sót.
c) Belekeverjük a reszelt sajtot és az apróra vágott hagymát.
d) Egy külön tálban keverje össze a tejet, a növényi olajat és a tojást.
e) A nedves hozzávalókat a száraz hozzávalókhoz öntjük, és addig keverjük, amíg össze nem áll.
f) A masszát kanalazzuk muffinformákba, és süssük 15-18 percig, vagy amíg egy fogpiszkáló tisztán ki nem jön.

8.Új-zélandi pirított müzli

ÖSSZETEVŐK:

- 1/2 csésze új-zélandi méz
- 2 evőkanál olaj, ízlés szerint
- 3 csésze egész vagy hengerelt zab
- 1/2 csésze kókuszreszelék vagy pehely
- 1/2 csésze mag
- 1/2 csésze dió
- 1 csésze szárított gyümölcs

UTASÍTÁS:

a) Keverjük össze a mézet és az olajat egy serpenyőben, közepes lángon. Főzzük gyakran kevergetve 4 percig – ne hagyjuk megégni.

b) A sütőt 150 fokra előmelegítjük, egy nagy, mély tepsit kibélelünk sütőpapírral.

c) Keverje össze az összes többi hozzávalót, kivéve a szárított gyümölcsöt egy nagy tálban. Felöntjük meleg mézes keverékkel. Keverjük jól össze.

d) A keveréket egyenletesen eloszlatjuk az edény alján. 25-30 percig sütjük, 10 percenként megkeverve, vagy amíg aranybarna és pirított nem lesz. Vegyük ki a sütőből, és tegyük bele az aszalt gyümölcsöt, keverjük össze.

e) Hagyja félre teljesen kihűlni, amikor a müzli ropogós fürtöket formáz.

f) Ezeket a fürtöket morzsoljuk össze, miközben a müzlit egy légmentesen záródó edénybe rakjuk tárolás céljából.

9.Pikelets citromtúróval

ÖSSZETEVŐK:

- 1 csésze univerzális liszt
- 1 teáskanál sütőpor
- 2 evőkanál cukor
- 1/2 csésze tej
- 1 nagy tojás
- Vaj főzéshez
- A feltéthez citromos túró

UTASÍTÁS:

a) Egy tálban habosra keverjük a lisztet, a sütőport, a cukrot, a tejet és a tojást.

b) Melegíts fel egy serpenyőt vagy serpenyőt, és adj hozzá egy kevés vajat.

c) Kis mennyiségű masszát kanalazunk a rácsra, hogy pikeleteket formázzon.

d) Addig süsd, amíg buborékok keletkeznek a felületen, majd fordítsd meg és süsd meg a másik oldalát is.

e) Tálaljuk egy kis citromos túróval.

10.Zöld ajkú kagyló omlett

ÖSSZETEVŐK:
- 4 nagy tojás
- 1/4 csésze tej
- Só és bors ízlés szerint
- 1/2 csésze főtt zöldajkú kagyló, apróra vágva
- 1/4 csésze feta sajt, morzsolva
- Friss fűszernövények (petrezselyem, metélőhagyma) a díszítéshez

UTASÍTÁS:
a) Egy tálban keverjük össze a tojást, a tejet, a sót és a borsot.
b) Öntse a keveréket egy forró, zsírozott serpenyőbe.
c) Az omlett egyik felére szórjuk az apróra vágott kagylót és a morzsolt fetát.
d) A másik felét ráhajtjuk a töltelékre, és addig főzzük, amíg a tojás megpuhul.
e) Tálalás előtt díszítsük friss fűszernövényekkel.

11.Kumara és Bacon Frittata

ÖSSZETEVŐK:

- 2 csésze kumara (édesburgonya), meghámozva és felkockázva
- 6 tojás
- 1/2 csésze tej
- Só és bors ízlés szerint
- 200 g bacon, apróra vágva
- 1 hagyma, finomra vágva
- 1 csésze reszelt cheddar sajt
- Olívaolaj főzéshez

UTASÍTÁS:

a) Melegítsük elő a sütőt 180°C-ra (légkeveréses 160°C).
b) Forraljuk fel vagy pároljuk a felkockázott kumarát, amíg megpuhul.
c) Egy tálban keverjük össze a tojást, a tejet, a sót és a borsot.
d) Sütőálló serpenyőben olívaolajon megdinszteljük a szalonnát és a hagymát, amíg a hagyma áttetszővé nem válik.
e) Adja hozzá a főtt kumarát a serpenyőbe, és öntse a tojásos keveréket a tetejére.
f) Egyenletesen szórjuk rá a reszelt sajtot.
g) Főzzük néhány percig a tűzhelyen, majd tegyük át a sütőbe, és süssük addig, amíg a frittata megszilárdul és aranybarna nem lesz.

12.Kiwi és avokádó turmix

ÖSSZETEVŐK:
- 2 érett kivi, meghámozva és felszeletelve
- 1 érett avokádó, meghámozva és kimagozva
- 1 csésze spenótlevél
- 1/2 csésze görög joghurt
- 1 evőkanál méz
- 1 csésze mandulatej
- jégkocka (opcionális)

UTASÍTÁS:
a) Turmixgépben keverje össze a kivit, az avokádót, a spenótot, a görög joghurtot, a mézet és a mandulatejet.
b) Keverjük simára.
c) Ha szükséges, adjunk hozzá jégkockákat, és keverjük újra.
d) Öntse poharakba, és élvezze a frissítő kivi-avokádó turmixot.

13.Új-zélandi szalonna és tojásos pite

ÖSSZETEVŐK:

- 1 csomag Leveles tészta
- 4 szelet bacon főzve és apróra vágva
- 1/2 hagyma felkockázva
- 8 tojás osztva
- 1/4 csésze tej
- só és bors ízlés szerint

UTASÍTÁS:

a) Melegítse elő a sütőt 350 fokra.
b) Réteg vasöntött serpenyőben 1 lap leveles tésztával. Adjunk hozzá bacont a tészta aljához. Óvatosan törj fel 6 tojást a tetejére.
c) Egy kis tálban keverjük össze a maradék tojást és a tejet. Sózzuk, borsozzuk. Hajtsuk bele a hagymát, és öntsük a serpenyőben a tojásra. 35-40 percig sütjük, vagy amíg a tojások megpuhulnak.

14.Füstölt lazacos bagel krémsajttal

ÖSSZETEVŐK:
- 4 bagel félbevágva és pirítva
- 200 g füstölt lazac
- 1 csésze krémsajt
- 1 vöröshagyma, vékonyra szeletelve
- Kapribogyó díszítéshez
- Friss kapor díszítéshez
- Citromszeletek

UTASÍTÁS:
a) Minden pirított bagel felét megkenjük krémsajttal.
b) A tetejére füstölt lazacot, lilahagyma szeleteket és kapribogyót teszünk.
c) Díszítsük friss kaporral.
d) Az oldalára citromkarikákkal tálaljuk.

15.Mānuka méz és gyömbér teadélután

ÖSSZETEVŐK:
- 2 csésze forró víz
- 2 teáskanál Mānuka méz
- 1 hüvelykes darab friss gyömbér, vékonyra szeletelve
- Fél citrom leve

UTASÍTÁS:
a) Öntsön forró vizet egy bögrébe.
b) Adjunk hozzá Mānuka mézet, és keverjük, amíg fel nem oldódik.
c) Adjuk hozzá a gyömbérszeleteket, és hagyjuk állni 5-7 percig.
d) Facsarjunk citromlevet a teába.
e) Keverje össze, és élvezze ezt a nyugtató hatású Mānuka mézes és gyömbéres teát.

16.Sertéshús és Puha (Bogáncs) Reggeli Hash

ÖSSZETEVŐK:
- 1 csésze főtt és felkockázott sertéshús
- 2 csésze kockára vágott burgonya, megfőzve
- 1 csésze puha levél (vagy helyettesítheti spenóttal)
- 1 hagyma, finomra vágva
- 2 gerezd fokhagyma, felaprítva
- Só és bors ízlés szerint
- Olívaolaj főzéshez

UTASÍTÁS:
a) Egy serpenyőben olívaolajat hevítünk közepes lángon.
b) Adjuk hozzá az apróra vágott hagymát és fokhagymát, pároljuk, amíg megpuhul.
c) Hozzáadjuk a kockára vágott sertéshúst és a burgonyát, pirulásig pirítjuk.
d) Keverjük hozzá a puha leveleket, és főzzük, amíg megfonnyad.
e) Sóval, borssal ízesítjük, forrón tálaljuk.

17.Hangi reggeli pakolás

ÖSSZETEVŐK:

- 4 nagy lisztes tortilla
- 1 csésze maradék Hangi hús (csirke, bárány vagy sertés)
- 1 csésze főtt kumara (édesburgonya), felkockázva
- 1 csésze főtt spenót
- 1/2 csésze reszelt sajt
- Só és bors ízlés szerint

UTASÍTÁS:

a) Melegítse fel a tortillákat száraz serpenyőben vagy mikrohullámú sütőben.
b) Mindegyik tortillára rétegezzen Hangi húst, kumarát, spenótot és sajtot.
c) Sózzuk, borsozzuk.
d) Hajtsa rá a tortilla oldalát a töltelékre, hogy csomagolóanyagot kapjon.
e) Egy serpenyőben addig melegítjük, amíg a sajt elolvad.
f) Melegen tálaljuk.

18.Sós sajtos pogácsa

ÖSSZETEVŐK:

- 2 csésze önnövő liszt
- 1/2 teáskanál sütőpor
- 1/2 teáskanál só
- 50 g vaj, kockára vágva
- 1 csésze reszelt sajt (a cheddar jól működik)
- 1/2 csésze tej
- 1/2 csésze natúr joghurt
- apróra vágott metélőhagyma vagy fűszernövények (elhagyható)

UTASÍTÁS:

a) Melegítsük elő a sütőt 220°C-ra (légkeveréses 200°C), és béleljünk ki egy tepsit sütőpapírral.
b) Egy nagy tálban keverjük össze az önkelesztő lisztet, a sütőport és a sót.
c) Dörzsölje bele a vajat, amíg a keverék zsemlemorzsára nem hasonlít.
d) Keverje hozzá a reszelt sajtot és a metélőhagymát vagy a fűszernövényeket, ha használ.
e) Adjuk hozzá a tejet és a joghurtot, keverjük addig, amíg össze nem áll.
f) Csepegtessünk kanálnyi tésztát az előkészített tepsire.
g) 12-15 percig sütjük, vagy amíg aranybarna nem lesz.

NAGYOK ÉS ELŐÉTELEK

19. Hagyma Bemárt

ÖSSZETEVŐK:
- 1 doboz csökkentett tejszín
- 1 tasak hagymaleves
- 1 teáskanál ecet

UTASÍTÁS:
a) Tegyük a tejszínt egy tálba, és keverjük hozzá a hagymás leves keveréket és az ecetet.

b) Hűtőbe tesszük egy órára, vagy amíg sűrű és hideg nem lesz.

20.Mānuka mézes pirítós Ricottával

ÖSSZETEVŐK:

- 4 szelet kedvenc kenyeredből
- 1 csésze ricotta sajt
- Mānuka méz (ízlés szerint)
- Friss bogyók öntethez

UTASÍTÁS:
a) Ízlés szerint pirítsuk meg a kenyérszeleteket.
b) Kenjünk minden szeletre egy bőséges réteg ricottát.
c) Csorgassunk Mānuka mézet a ricottára.
d) Friss bogyós gyümölcsökkel megszórjuk és tálaljuk.

21.Kiwi salsa pirítóssal

ÖSSZETEVŐK:
- 4 szelet teljes kiőrlésű kenyér, pirítva
- 4 érett kivi, meghámozva és felkockázva
- 1/2 vöröshagyma, apróra vágva
- 1/2 piros kaliforniai paprika, kockára vágva
- 1/4 csésze friss koriander, apróra vágva
- 1 lime leve
- Só és bors ízlés szerint

UTASÍTÁS:
a) Egy tálban keverje össze a kockára vágott kivit, a lilahagymát, a piros kaliforniai paprikát, a koriandert, a lime levét, a sót és a borsot.
b) Jól keverjük össze, és hagyjuk állni néhány percig.
c) A pirított kenyérszeletekre kanalazzuk a kivi salsát és tálaljuk.

22. Hokey pokey

ÖSSZETEVŐK:
- 1/2 teáskanál vaj
- 5 evőkanál cukor
- 2 evőkanál aranyszirup
- 1 teáskanál szódabikarbóna

UTASÍTÁS:
a) Egy tepsit kikenünk vajjal és félretesszük.
b) Tegye a cukrot és az aranyszirupot egy serpenyőbe.
c) Alacsony lángon folyamatosan keverjük, amíg a cukor fel nem oldódik.
d) Növeljük a hőt és forraljuk fel.
e) Forraljuk 2 percig, és időnként keverjük meg, nehogy megégjen.
f) Adjunk hozzá szódabikarbónát, és gyorsan keverjük, amíg a keverék fel nem habzik.
g) Azonnal a kivajazott formába öntjük, és hagyjuk kihűlni és megkeményedni. Darabokra törni.

23.Új-Zéland terek

ÖSSZETEVŐK:
A TEREKRE:
- ¼ csésze világos margarin
- ½ csésze cukor
- 1 evőkanál kakaó
- 1 tojás
- ½ font Graham kekszmorzsa
- 1 teáskanál vanília
- ¾ csésze mazsola, beáztatva és lecsöpögtetve

A csokoládécukorhoz:
- Hozzávalók a kedvenc csokoládé cukormáz receptjéhez.

UTASÍTÁS:
A TEREKRE:
a) Egy serpenyőben olvasszuk fel habosra a világos margarint, a cukrot és a kakaót.
b) A keveréket levesszük a tűzről, és jól felverve hozzáadjuk a tojást.
c) Hozzáadjuk a Graham kekszmorzsát, a vaníliát és az áztatott, lecsepegtetett mazsolát. Keverjük jól össze.
d) A keveréket kivajazott, 8x8-as tortaformába csomagoljuk.

A csokoládécukorhoz:
e) Készítse el a kívánt csokoládémázat a recept utasításai szerint.
f) A tortaformába csomagolt keveréket bevonjuk csokoládémázzal.
g) Hűtőbe tesszük a serpenyőt, hogy a négyzetek megdermedjenek.

24. Apróhal darabka

ÖSSZETEVŐK:

- 1 csésze fehér csali (Új-Zélandon található kis hal)
- 2 tojás
- Só és bors ízlés szerint
- 2 evőkanál liszt
- Vaj a sütéshez

UTASÍTÁS:

a) Egy tálban enyhén felverjük a tojásokat.
b) A tojásokhoz adjuk a fehér etetőanyagot, sózzuk, borsozzuk és a lisztet. Óvatosan keverjük össze.
c) Egy serpenyőben közepes lángon felhevítjük a vajat.
d) Kis mennyiségű keveréket kanalazunk a serpenyőbe, hogy rántásokat formázzon.
e) Mindkét oldalát aranybarnára sütjük.
f) Forrón, egy csipet citrommal tálaljuk.

25.Délvidék Sajttekercsek

ÖSSZETEVŐK:

- 2 vekni – kenyér (szeletekre vágva)
- 200 g (7 uncia) – colby sajt (reszelve)
- 150 g (5,3 uncia) – parmezán sajt (reszelve)
- 1 doboz – párolt tej
- 1 csésze – tejszín
- 1 tasak – hagymaleves
- 1 – hagyma (apróra vágva)
- 2 teáskanál – mustár
- Kenőanyag vagy vaj (a feltéthez)

UTASÍTÁS:

a) Egy tálban összekeverjük a sajtot, a párolt tejet, a tejszínt, a leveskeveréket, a hagymát és a mustárt.
b) Melegítse a mikrohullámú sütőben 4-6 percig, időnként megkeverve.
c) Hűtőbe tesszük pár percre hűlni.
d) A felszeletelt kenyér egyik oldalát megkenjük sajtkeverékkel.
e) Minden szeletet tekerjünk fel spirál alakúra, és tegyük össze egy tepsibe.
f) Minden sajttekercs tetejére kenjük a kenhető kenetet vagy vajat.
g) A sütőben 15 percig pirítjuk, vagy amíg enyhén megpirul.

26.Sajt és Marmite tekercsek

ÖSSZETEVŐK:

- 2 csésze önnövő liszt
- 1 csésze reszelt cheddar sajt
- 1 evőkanál Marmite (vagy Vegemite)
- 1 csésze tej
- 50 g vaj, olvasztott
- Extra reszelt sajt a feltéthez

UTASÍTÁS:

a) Melegítsd elő a sütőt 220°C-ra (légkeveréses 200°C), és bélelj ki egy tepsit sütőpapírral.
b) Egy tálban keverjük össze a magától kelesztő lisztet, a reszelt sajtot és a Marmite-ot.
c) Adjuk hozzá a tejet, és addig keverjük, amíg lágy tésztát nem kapunk.
d) A tésztát lisztezett felületre borítjuk, és enyhén átgyúrjuk.
e) Nyújtsuk ki a tésztát téglalappá, kenjük meg olvasztott vajjal, és szórjuk meg extra reszelt sajttal.
f) A tésztát a hosszabbik oldaláról kinyújtjuk és szeletekre vágjuk.
g) Helyezze a szeleteket a tepsire, és süsse 15-20 percig, vagy amíg aranybarna nem lesz.

27.Kumara (édesburgonya) chips Aiolival

ÖSSZETEVŐK:

- 2 nagy kumara (édesburgonya), meghámozva és vékony csíkokra szeletelve
- 2 evőkanál olívaolaj
- Só és bors ízlés szerint
- Aiolihoz: 1/2 csésze majonéz, 2 gerezd fokhagyma (darált), 1 evőkanál citromlé, só és bors

UTASÍTÁS:
a) Melegítsük elő a sütőt 200°C-ra (légkeveréses 180°C).
b) Dobd meg a kumara csíkokat olívaolajjal, sóval és borssal.
c) A kumarát egy tepsire terítjük egy rétegben.
d) Süssük 20-25 percig, vagy amíg ropogós nem lesz, félidőben megfordítjuk.
e) Az aiolihoz keverjük össze egy tálban a majonézt, a darált fokhagymát, a citromlevet, a sót és a borsot.
f) Tálaljuk a kumara chipseket az aiolival az oldalán.

28.Zöld ajakkagyló darabka

ÖSSZETEVŐK:
- 1 csésze friss zöld ajakkagyló, feldarabolva és feldarabolva
- 1 csésze önkelesztő liszt
- 1 tojás
- 1/2 csésze tej
- 1/4 csésze apróra vágott friss petrezselyem
- Só és bors ízlés szerint
- Citromszeletek a tálaláshoz

UTASÍTÁS:
a) Egy tálban habosra keverjük a lisztet, a tojást és a tejet, hogy tésztát kapjunk.
b) Hozzákeverjük az apróra vágott kagylót és petrezselymet, sózzuk, borsozzuk.
c) Melegítsünk fel egy serpenyőt közepes lángon, és adjunk hozzá kanálnyi tésztát, hogy pirítós formákat kapjunk.
d) Mindkét oldalát aranybarnára sütjük.
e) Citromkarikákkal tálaljuk.

29. Paua (Abalone) Darabka

ÖSSZETEVŐK:

- 1 csésze darált paua (abalone)
- 1 csésze liszt
- 1 tojás
- 1/2 csésze tej
- 1/4 csésze apróra vágott zöldhagyma
- Só és bors ízlés szerint
- Citromszeletek a tálaláshoz

UTASÍTÁS:

a) Egy tálban keverjük össze a darált pauát, a lisztet, a tojást, a tejet, a zöldhagymát, a sót és a borsot.
b) Melegíts fel egy serpenyőt közepes lángon, és kanalazd meg a tésztát, hogy pirítós formákat formálj belőle.
c) Mindkét oldalát aranybarnára sütjük.
d) Citromkarikákkal tálaljuk.

30.Spenót és feta pinwheels

ÖSSZETEVŐK:

- 2 lap leveles tészta, felengedve
- 1 csésze apróra vágott friss spenót
- 1/2 csésze morzsolt feta sajt
- 1/4 csésze fenyőmag
- 1 tojás (felvert, tojásmosáshoz)

UTASÍTÁS:

a) Melegítsd elő a sütőt 200°C-ra (légkeveréses 180°C), és bélelj ki egy tepsit sütőpapírral.
b) A leveles tészta lapokat kinyújtjuk.
c) Az apróra vágott spenótot, fetát és fenyőmagot egyenletesen elosztjuk a tésztán.
d) Szorosan feltekerjük a tésztalapokat, hogy egy rönköt formáljunk.
e) Kerekekre szeleteljük, és a tepsire helyezzük.
f) Lekenjük felvert tojással.
g) Süssük 15-20 percig, vagy amíg aranybarna nem lesz.

31. Sertéshús és vízitorma kolbásztekercsek

ÖSSZETEVŐK:

- 500 g sertés kolbászhús
- 1 csésze friss vízitorma, apróra vágva
- 2 lap leveles tészta, felengedve
- 1 tojás (felvert, tojásmosáshoz)
- Szezámmag a szóráshoz

UTASÍTÁS:

a) Melegítsd elő a sütőt 200°C-ra (légkeveréses 180°C), és bélelj ki egy tepsit sütőpapírral.
b) Egy tálban keverjük össze a sertéskolbászhúst és az apróra vágott vízitormát.
c) A leveles tészta lapokat kettévágjuk.
d) A kolbász és a vízitorma keveréket kanalazzuk az egyes tésztacsíkok közepére.
e) A tésztát feltekerjük a töltelékkel, és a varrattal lefelé helyezzük a tepsire.
f) Lekenjük felvert tojással és megszórjuk szezámmaggal.
g) Süssük 20-25 percig, vagy amíg aranybarna nem lesz.

32.NZ húsos pite falatok

ÖSSZETEVŐK:

- 1 csésze darált marha- vagy bárányhús
- 1 hagyma, finomra vágva
- 1 sárgarépa, lereszelve
- 2 evőkanál paradicsompüré
- 1 teáskanál Worcestershire szósz
- Só és bors ízlés szerint
- Mini tésztahéjak

UTASÍTÁS:

a) Egy serpenyőben megpirítjuk a darált húst és a hagymát.
b) Adjunk hozzá reszelt sárgarépát, paradicsompürét, Worcestershire szószt, sót és borsot. Addig főzzük, amíg jól össze nem áll.
c) A keveréket kanalazzuk mini tésztahéjakba.
d) Süssük aranybarnára a tészta útmutató szerint.

33.Bárány Koftas mentás joghurtos mártogatóssal

ÖSSZETEVŐK:

- 500 g darált bárány
- 1 hagyma, finomra vágva
- 2 gerezd fokhagyma, felaprítva
- 1 teáskanál őrölt kömény
- 1 teáskanál őrölt koriander
- Só és bors ízlés szerint
- Fa nyársak (vízbe áztatva)
- Friss mentalevél a díszítéshez

UTASÍTÁS:

a) Melegítse elő a grillt vagy a grillt.

b) Egy tálban keverjük össze a darált bárányhúst, az apróra vágott hagymát, a darált fokhagymát, az őrölt köményt, az őrölt koriandert, a sót és a borsot.

c) A keverékből kis kolbászformákat formázunk a beáztatott nyársak köré.

d) 10-15 percig grillezzük, időnként megforgatva, amíg megpuhul.

e) Díszítsük friss mentalevéllel, és mentás joghurtos mártogatóssal tálaljuk.

34.Füstölt Kahawai Pâté

ÖSSZETEVŐK:
- 200 g füstölt kahawai (vagy más füstölt hal), pelyhesítve
- 1/2 csésze krémsajt
- 2 evőkanál tejföl
- 1 evőkanál citromlé
- 1 teáskanál torma
- Só és bors ízlés szerint
- Díszítésnek apróra vágott metélőhagyma

UTASÍTÁS:
a) Aprítógépben keverje össze a füstölt kahawait, a krémsajtot, a tejfölt, a citromlevet és a tormát.
b) Simára dolgozzuk. Sózzuk, borsozzuk.
c) Hűtőbe tesszük legalább 1 órára.
d) Díszítsük apróra vágott metélőhagymával és tálaljuk keksszel.

35.Mānuka mézzel és rozmaringgal sült mandula

ÖSSZETEVŐK:

- 2 csésze nyers mandula
- 2 evőkanál Mānuka méz
- 1 evőkanál olívaolaj
- 1 evőkanál friss rozmaring, apróra vágva
- Tengeri só ízlés szerint

UTASÍTÁS:

a) Melegítsd elő a sütőt 180°C-ra (légkeveréses 160°C), és bélelj ki egy tepsit sütőpapírral.
b) Egy tálban keverjük össze a mandulát, a Mānuka mézet, az olívaolajat és az apróra vágott rozmaringot.
c) A mandulás keveréket a tepsire kenjük egy rétegben.
d) Megszórjuk tengeri sóval.
e) 15-20 percig sütjük, időnként megkeverve, amíg a mandula aranybarna nem lesz.
f) Tálalás előtt hagyjuk kihűlni.

36.Garnéla koktél

ÖSSZETEVŐK:
- 200 g főtt garnélarák, meghámozva és kihámozva
- Jégsaláta, aprítva
- Koktél szósz: 1/2 csésze majonéz, 2 evőkanál paradicsom ketchup, 1 evőkanál citromlé, Worcestershire szósz ízlés szerint
- Citromszeletek a tálaláshoz

UTASÍTÁS:
a) A felaprított jégsalátát tálalótányérokra helyezzük.
b) A tetejére főtt garnélarákot teszünk.
c) Egy kis tálban keverjük össze a majonézt, a paradicsom ketchupot, a citromlevet és a Worcestershire szószt ízlés szerint.
d) A koktélmártást csorgassuk rá a garnélarákra.
e) Az oldalára citromkarikákkal tálaljuk.

37.Sertés- és káposztagombóc

ÖSSZETEVŐK:

- 250 g darált sertéshús
- 1 csésze finomra vágott káposzta
- 2 zöldhagyma, apróra vágva
- 1 gerezd fokhagyma, felaprítva
- 1 teáskanál gyömbér, reszelve
- Szójaszósz és szezámolaj ízlés szerint
- Gombóc csomagolás

UTASÍTÁS:

a) Egy tálban keverje össze a darált sertéshúst, a felaprított káposztát, a zöldhagymát, a fokhagymát, a gyömbért, a szójaszószt és a szezámolajat.
b) Helyezzen egy kanál keveréket minden gombóc csomagolásra.
c) A gombócokat lezárjuk, és pároljuk vagy serpenyőben készre sütjük.
d) Mártáshoz szójaszósszal tálaljuk.

38.Grillezett cukkini és feta nyárs

ÖSSZETEVŐK:
- Cukkini, karikára szeletelve
- koktélparadicsom
- Feta sajt, kockára vágva
- Olivaolaj
- Citromlé
- Friss menta, apróra vágva
- Só és bors ízlés szerint

UTASÍTÁS:
a) A cukkini köröket, a koktélparadicsomot és a feta kockákat nyársra fűzzük.

b) Az öntethez keverjük össze az olívaolajat, a citromlevet, az apróra vágott mentát, a sót és a borsot.

c) A nyársakat addig grillezzük, amíg a cukkini megpuhul és kissé megpirul.

d) Tálalás előtt meglocsoljuk az öntettel.

FŐÉTEL

39.Linguine új-zélandi kagylóval

ÖSSZETEVŐK:

- 1 font linguine (nyersen)
- 1/4 csésze extra szűz olívaolaj
- 5 gerezd fokhagyma (apróra vágva)
- 3 szárított chili
- 3/4 csésze friss lapos petrezselyem (durvára vágva)
- 1 citrom
- 1/8 tk. durva só
- 1 csipet frissen őrölt bors
- 3 font kagylók (Új-Zéland, alaposan megdörzsölve)
- 1 evőkanál. vörösborecet
- 6 friss bazsalikom levél (nagy, vékonyra szeletelve)

UTASÍTÁS:

a) A linguine-t a csomagolási utasítás szerint al dente főzzük. Lecsepegtetjük és félretesszük.

b) Egy nagy serpenyőben közepes lángon hevítsük fel az olívaolajat. Adjuk hozzá a finomra vágott fokhagymát és a szárított chilit. Addig pároljuk, amíg a fokhagyma illatos és aranybarna nem lesz.

c) Hozzákeverjük az apróra vágott petrezselymet és a citrom héját. Ízesítsük durva sóval és frissen őrölt borssal. Főzzük további 1-2 percig.

d) Tegye a serpenyőbe az alaposan megdörzsölt kagylókat. Öntsük hozzá a vörösborecetet. Fedjük le a serpenyőt fedővel, és főzzük, amíg a kagylók ki nem nyílnak, körülbelül 4-5 percig.

e) Miután a kagylók kinyíltak, hozzáadjuk a főtt linguine-t a serpenyőbe. Keverje össze mindent, és vonja be a linguine-t az ízes keverékkel.

f) Tálaljuk a Linguine-t új-zélandi kagylóval, külön tálakban. Díszítsük vékonyra szeletelt bazsalikomlevéllel és ízlés szerint egy csipetnyi citromlével.

40.Új-zélandi lazac citromos vajas zselében

ÖSSZETEVŐK:
- 6 kiló friss lazac
- 6 evőkanál vaj
- 3 citrom
- Só
- Bors

UTASÍTÁS:
a) Tisztítsa meg a lazacot, és távolítsa el a fejét, a farkát és az uszonyokat.
b) Vágja a lazacot 1 kg-os steadélutánkekre (nem filére).
c) Helyezzen egy lazac steadélutánket egy nagy teherbírású fólialapra.
d) Facsarj rá egy fél citrom levét a lazacra.
e) A lazacot megkenjük 1 evőkanál vajjal.
f) Sózzuk, borsozzuk.
g) Csomagolja be szorosan a lazacsteadélutánket a fóliába, így vízzáró tömítést hoz létre. Ismételje meg minden steadélutánk esetében.
h) A fóliába csomagolt lazaccsomagokat 20 percig főzzük vízben.
i) Vegyük ki a csomagokat a vízből, és tegyük a fagyasztóba egy órára.
j) Fagyasztás után további 2 órára hűtőbe tesszük.
k) Tálaláskor óvatosan csomagolja ki a lazac steadélutánkeket, és helyezze egy nagy tálra.
l) Fedjük be a lazacot meleg hollandi szósszal.
m) A lazacot mentalevéllel főtt új bébiburgonyával tálaljuk.
n) Adjunk hozzá friss kerti borsót a tányérhoz.

41.Pácolt új-zélandi bárány a grillen

ÖSSZETEVŐK:
- 1 csont nélküli báránycomb
- ½ csésze citromlé
- ½ csésze olaj
- ½ csésze fehérbor
- 1 teáskanál zúzott fokhagyma
- 1 teáskanál Só
- 1 teáskanál szárított rozmaring
- 1 teáskanál bors
- 1 evőkanál pirospaprika pehely

UTASÍTÁS:
a) Helyezze a csont nélküli báránycombot egy pácolóedénybe.
b) Egy tálban keverjük össze a citromlevet, az olajat, a fehérbort, a zúzott fokhagymát, a sót, a szárított rozmaringot, a borsot és a pirospaprika pelyhet.
c) Öntse a pácot a bárányhúsra, ügyelve arra, hogy jól bevonja.
d) Pácold be a bárányt a hűtőszekrényben hosszabb ideig, ideális esetben egy hétig, hogy az ízek áthatoljanak.
e) Melegítsen elő egy Weber vízforraló grillt fedővel és majdnem zárt szellőzőnyílásokkal.
f) A pácolt bárányt fedővel grillezzük mindkét oldalán 15-20 percig.
g) Állítsa be a grillezési időt a kívánt készenléti szintnek megfelelően. A bárányhús vastagsága különböző fokú készséget eredményezhet, így a jól sült és a közepesen ritka adagok is választhatók.
h) Miután tökéletesre sült, vegye le a bárányt a grillről, és hagyja pihenni néhány percig.
i) Szeleteld fel a bárányt, és tálald vendégeidnek.

42.Új-zélandi ökörfarkú pörkölt

ÖSSZETEVŐK:

- 1 Ökörfarkú
- 1 uncia Crisco
- 1 uncia liszt
- 2 hagyma
- 2 sárgarépa
- 2 marhahúsleves kocka
- 2 csésze forrásban lévő víz
- Só és bors ízlés szerint

Útvonal:
a) Bontsa szét az ökörfarkot.
b) Minden darabot megforgatunk lisztben.
c) Egy lábosban felforrósítjuk a Crisco-t.
d) A lisztezett ökörfarkdarabokat a forró zsiradékon megpirítjuk.
e) Ha megpirult, vegyük ki az ökörfarkkot az edényből.
f) A maradék zsíron megpirítjuk a felszeletelt hagymát és a sárgarépát.
g) Tegye a megpirított ökörfarkkórót és a zöldségeket egy serpenyőbe.
h) Sózzuk, borsozzuk ízlés szerint.
i) A marhahúsleves kockákat forrásban lévő vízben feloldjuk.
j) Öntsön annyi marhahúsleves folyadékot a serpenyőbe, hogy ellepje a húst és a zöldségeket.
k) Pároljuk a pörköltet 3 órán keresztül, hagyjuk, hogy az ízek összeérjenek, és az ökörfarkkóró megpuhuljon.

43.Sütőben sült új-zélandi vörös snapper

ÖSSZETEVŐK:
- 2 új-zélandi Red Snapper filé (körülbelül 2 1/2 font)
- 4 uncia zöld cukkini, vékonyra szeletelve
- 4 uncia Sárga tök, vékonyra szeletelve
- 8 szál egész menta
- 2 csésze halleves
- 1 csésze fehérbor
- 2 evőkanál vaj
- 4 evőkanál extra szűz olívaolaj
- 1 uncia citromlé
- 4 teáskanál Friss menta, juliened
- Só és bors ízlés szerint

UTASÍTÁS:
HALLEVES KÉSZÍTÉSE:
a) Filézze ki az új-zélandi Red Snappers-t, és tegye félre.
b) Helyezzük a halcsontvázat egy serpenyőbe, öntsük fel vízzel, adjunk hozzá egy csipet sót, és pároljuk 45 percig.
c) Szűrjük le a levest, és tegyük félre.
d) Melegítsük elő a sütőt 400 Fahrenheit fokra.
e) Egy tepsibe rendezzük el a Red Snapper filét, és ízesítsük sóval és fehér borssal.
f) Adja hozzá a szeletelt cukkinit, a felszeletelt sárga tököt, a menta ágait, a hallevest, a fehérbort, a vajat és az extra szűz olívaolajat a tepsibe.

SÜT:
g) Süssük körülbelül 10-12 percig, vagy amíg a hal megpuhul.
h) Kivesszük a filéket a tepsiből, és egy ovális tálba rendezzük. Dobja el a menta gallyakat.
i) Csökkentse a húslevest a tepsiben, amíg kissé besűrűsödik.
j) Ízlés szerint hozzáadjuk a citromlevet és a friss mentát a redukált húsleveshez.
k) Az elkészült mártást a kitáblázott filére öntjük.
l) Díszítsük friss menta ágakkal.

44.Sült új-zélandi lazac mangó salsával

ÖSSZETEVŐK:
A FŰSZERKEVERÉKHEZ:
- 6 db új-zélandi lazacfilé (160 g egyenként), bőrét eltávolítva
- 4 csésze bébi saláta levélkeverék
- Olívaolaj és balzsamecet
- ½ piros paprika, apróra vágva
- 2 friss chili, darálva
- 1 gerezd fokhagyma, felaprítva
- 1 teáskanál Cajun fűszer
- 1 teáskanál édes (magyar) paprika
- 1 teáskanál Őrölt koriander
- 1 teáskanál szárított bazsalikomlevél
- 1 evőkanál méz
- 2 evőkanál citromlé
- 2 evőkanál szőlőmagolaj

A MANGO SALSAHOZ:
- ½ piros paprika, apróra vágva
- ½ csésze főtt kínai fekete bab
- 1 gerezd fokhagyma, felaprítva
- 2 mogyoróhagyma, finomra vágva
- 1 kemény mangó, kockára vágva
- 2 teáskanál ecetes gyömbér
- 2 teáskanál friss koriander, apróra vágva
- 1 teáskanál őrölt kömény
- 2 evőkanál finomra vágott uborka
- 1 teáskanál kapribogyó
- 1 evőkanál apróra vágott metélőhagyma
- 1 citrom leve

UTASÍTÁS:
A FŰSZEREN SÜLT LAZACHOZ:
a) Turmixgépben vagy robotgépben keverje össze a pirospaprikát, a friss chilit, a fokhagymát, a Cajun fűszereket, az édes paprikát, az őrölt koriandert, a szárított bazsalikomleveleket, a mézet, a citromlevet és a szőlőmagolajat. Addig dolgozzuk, amíg paszta képződik.
b) Dörzsölje be a fűszerpasztával minden lazacfilé mindkét oldalát, hogy felszívja az ízeket. Félretesz, mellőz.

A MANGO SALSAHOZ:
c) Egy tálban keverjük össze az apróra vágott pirospaprikát, a fekete babot, a fokhagymát, a medvehagymát, a kockára vágott mangót, az ecetes gyömbért, a friss koriandert, az őrölt köményt, a kockára vágott uborkát, a kapribogyót, a metélőhagymát és a citromlevet. Ízlés szerint sózzuk, borsozzuk.
d) Félretesz, mellőz.

ÖSSZESZERELÉS:
e) A sütőt előmelegítjük 220°C-ra.
f) Egy tűzálló serpenyőben kevés olívaolajat hevítünk. A lazacfiléket mindkét oldalukon megsütjük, amíg mélyarany színt nem kapnak.
g) Tegye át a serpenyőt a lazaccal az előmelegített sütőbe, és süsse 3-5 percig, attól függően, hogy milyen készen van.
h) Közben a bébi salátalevélkeveréket öntsük olívaolajjal, balzsamecettel, sóval és borssal.
i) Helyezzük hat tányérra az öltözött salátaleveleket.
j) Vegye ki a sült lazacot a sütőből, és helyezze a salátalevelekre.
k) Minden lazacfilé tetejére tegyen egy bőséges kanál mangó salsát.

45.Grillezett új-zélandi vajhal babsaláta

ÖSSZETEVŐK:
A VAJHALHOZ:
- 6 nagy csont nélküli vajhal filé
- 1 teáskanál szárított chili pehely
- 110 gramm világosbarna cukor
- 2 teáskanál világos szójaszósz
- 4 teáskanál citromlé
- ¼ teáskanál finomra őrölt szegfűbors

BABSALÁTÁHOZ:
- 100 gramm rühös tout, zöldbab, széles bab és cukros csokoládé
- Citromlé
- Tengeri só
- Extra szűz olívaolaj

ÉDES CHILIMÁZ:
- 1 teáskanál szárított chili pehely
- 110 gramm világosbarna cukor
- 2 teáskanál világos szójaszósz
- 4 teáskanál citromlé
- ¼ teáskanál finomra őrölt szegfűbors

UTASÍTÁS:
ÉDES CHILIMÁZ:
a) Egy kis serpenyőben keverjük össze a szárított chili pehelyt, a világos barna cukrot, a világos szójaszószt, a citromlevet és a finomra őrölt szegfűborsot a mázhoz.

b) Forraljuk fel a keveréket, főzzük addig, amíg sűrűsödni kezd, majd vegyük le a tűzről.

GRILLEZETT VAJHAL:
c) A vajhalfiléket bőrös oldalukkal felfelé olajozott fóliára helyezzük forró grill alá 2 percre az egyik oldalukon.

d) Fordítsa meg a filéket, és grillezze még egy percig.

e) Kenjük meg a filéket édes chili mázzal, és tegyük vissza a grillre, amíg a máz el nem kezd „égni".

f) A főzési idő a filé vastagságától függően változhat; célja, hogy a halak ritka maradjanak a közepén.

g) Vegyük ki a tálcáról, és helyezzük a babágyra.

BABSALÁTA:
h) Mindegyik babfajtát külön-külön enyhén blansírozzuk, amíg meg nem fő, de még ropogós nem lesz.

i) A blansírozott babot hideg víz alatt felfrissítjük.

j) A babot meglocsoljuk citromlével, tengeri sóval és extra szűz olívaolajjal.

k) A grillezett vajashalat babágyas tányérra rendezzük.

l) Díszítsük további édes chili mázzal, ha szükséges.

m) Azonnal tálaljuk, élvezve a grillezett vajhal és a frissítő babsaláta ízletes kombinációját.

46.Báránysült mézes mustármártással

ÖSSZETEVŐK:

- 5 kiló bárány váll (csontozott, hengerelt és megkötözve)
- ¼ csésze olaj
- 2 teáskanál Só
- ½ teáskanál bors
- 2 csésze mézes mustárszósz

UTASÍTÁS:

a) Melegítse elő a sütőt 350 °F-ra.
b) Dörzsölje be a bárány vállát olajjal.
c) Sózzuk, borsozzuk.
d) A bárányt előmelegített sütőben másfél órán át sütjük.
e) A sütés utolsó 15 percében 5 percenként kenje meg a bárányt mézes mustárszósszal.
f) Közvetlenül tálalás előtt még egyszer megkenjük.
g) A báránysültet a maradék mézes mustárszósszal az oldalára tálaljuk.

47.Új-zélandi sütemények

ÖSSZETEVŐK:
CUKRÁSZSÜTEMÉNY
- 8 uncia liszt
- 2 uncia Crisco
- 2 uncia vaj (vagy margarin)
- 1 csipet só
- 2-3 evőkanál víz (körülbelül)

TÖLTŐ:
- 4 uncia finomra vágott NYERS burgonya
- 4 uncia Darált marhahús
- 2 uncia apróra vágott hagyma
- 2 uncia finomra vágott NYERS sárgarépa
- 1 uncia zöldborsó (opcionális)

UTASÍTÁS:
A péksüteményhez:
a) A lisztet és a sót egy tálba szitáljuk.
b) Dörzsölje be a Crisco-t és a vajat, amíg homokos állagot nem kap.
c) A közepébe mélyedést készítünk, és felöntjük vízzel.
d) A tésztával a lehető legkevesebbet és legkönnyebben bánjunk.
e) Csomagold be a tésztát zsírpapírba, és tedd hűtőbe 24 órára.
A töltelékhez:
f) Nyújtsa ki a tésztát körülbelül ⅛" vastagságúra.
g) Vágja a tésztát 5" átmérőjű körökre, tányér segítségével.
h) Egy tálban keverjük össze a finomra vágott nyers burgonyát, a darált marhahúst, az apróra vágott hagymát, a finomra vágott nyers sárgarépát és a zöldborsót (ha használjuk).
i) Minden tésztakör közepét nedvesítse meg egy kevés vízzel, és helyezzen a közepére egy bő kanál tölteléket, ügyelve arra, hogy halmot képezzen, és ne lapítsa ki.
j) A tészta széleit felvert tojással megnedvesítjük.
k) A tésztát félbehajtjuk, a széleit behajlítjuk.
l) Állítsa fel a pástétomokat úgy, hogy a bordás keresztet képezzen a tetején, és ujjaival nyomja meg, hogy dekorációs célból hullámos varrást hozzon létre.
m) Minden tészta külsejét megkenjük felvert tojással.
Sütés:
n) Melegítsük elő a sütőt 275 Fahrenheit-fokra.
o) Süssük a tésztákat ¾-1 órán keresztül, vagy amíg a tészta szép barnára nem válik.

48.Báránysült rozmaringgal és fokhagymával

ÖSSZETEVŐK:
- 1 báránycomb (kb. 2-3 kg)
- 4 gerezd fokhagyma, szeletelve
- Friss rozmaring gallyak
- Olivaolaj
- Só és bors ízlés szerint
- 1 csésze vörösbor (elhagyható)
- 1 csésze marha- vagy zöldségleves

UTASÍTÁS:
a) Melegítsük elő a sütőt 180°C-ra (légkeveréses 160°C).
b) Vegyünk kis bemetszéseket a bárányba, és tegyünk bele fokhagymát és rozmaringgallyakat.
c) A bárányhúst bedörzsöljük olívaolajjal, majd sózzuk, borsozzuk.
d) Helyezze a bárányt egy tepsibe. Felöntjük a vörösborral és a húslevessel.
e) Sütőben kb. 25 percig sütjük kilogrammonként közepesen ritka.
f) A bárányt időnként meglocsoljuk serpenyővel.
g) Hagyja a bárányt 15 percig pihenni, mielőtt faragná.

49. Hangi stílusú csirke és zöldségek

ÖSSZETEVŐK:

- 4 csirkecomb
- 4 burgonya meghámozva és félbevágva
- 4 sárgarépa, meghámozva és félbevágva
- 1 nagy kumara (édesburgonya), meghámozva és felszeletelve
- 1 csésze sütőtök meghámozva és felkockázva
- 1 hagyma, meghámozva és negyedelve
- 2 evőkanál olvasztott vaj
- Só és bors ízlés szerint
- 1 teáskanál őrölt kömény
- 1 teáskanál füstölt paprika

UTASÍTÁS:

a) Melegítsük elő a sütőt 200°C-ra (légkeveréses 180°C).
b) Helyezze a csirkét és a zöldségeket egy nagy serpenyőbe.
c) Meglocsoljuk olvasztott vajjal, és megszórjuk sóval, borssal, köménnyel és füstölt paprikával.
d) Süssük körülbelül 45-60 percig, vagy amíg a csirke megpuhul, és a zöldségek megpuhulnak.

50.Zöld ajkú kagyló paella

ÖSSZETEVŐK:

- 2 csésze Arborio rizs
- 1/2 kg zöldajkú kagyló, megtisztítva és szakálltalanítva
- 1 hagyma, finomra vágva
- 2 gerezd fokhagyma, felaprítva
- 1 piros kaliforniai paprika, felkockázva
- 1 paradicsom, felkockázva
- 1 teáskanál füstölt paprika
- 1/2 teáskanál sáfrányszál
- 4 csésze hal- vagy zöldségleves
- 1/2 csésze száraz fehérbor
- Friss petrezselyem a díszítéshez

UTASÍTÁS:

a) Egy paella serpenyőben puhára pároljuk a hagymát és a fokhagymát.
b) Adjuk hozzá a rizst, a kaliforniai paprikát, a paradicsomot, a füstölt paprikát és a sáfrányt. Főzzük néhány percig.
c) Felöntjük a fehérborral, és hagyjuk elpárologni.
d) Adjunk hozzá húslevest, és forraljuk fel.
e) Rendezzünk kagylókat a rizs tetejére, és addig főzzük, amíg a rizs megpuhul és a kagylók ki nem nyílnak.
f) Tálalás előtt díszítsük friss petrezselyemmel.

51.Új-zélandi húsos és gombás pite

ÖSSZETEVŐK:
A TÖLTETÉSHEZ:
- 1/4 csésze (60 ml) növényi olaj
- Kicsit több, mint 1 font (500 g) darált marhahús
- 1 hagyma, finomra vágva
- 2 gerezd fokhagyma, nagyon apróra vágva
- 2 nagy portobello gomba apróra vágva
- 2 sárgarépa, meghámozva és felkockázva
- 2 szár zeller, felfűzve és felszeletelve
- 1 kis marék petrezselyem, finomra vágva
- 1 kis marék zellerlevél apróra vágva (vagy ha nem áll rendelkezésre, használjon több petrezselymet)
- 1 evőkanál finomra vágott friss puha kakukkfű
- 1 evőkanál friss rozmaring, apróra vágva
- 1/2 evőkanál forró angol mustár (ha nem horopito leveleket használjon 1 evőkanál)
- 2 evőkanál paradicsompüré
- 1/4 teáskanál őrölt horopito levél, vagy ízlés szerint (elhagyható, de ajánlott)
- 1 1/4 teáskanál (7 g) Maldon tengeri só pehely
- 3 3/4 teáskanál (20 g) kukoricakeményítő
- 2 1/2 font (1,2 kg) vajas leveles tészta
- 1 csésze (120 g) durvára reszelt cheddar
- 1 tojás, enyhén felverve

A GAZDASÁGOS MARHAHÚS ALKALMAZÁSÁHOZ:
- 1 1/2 evőkanál növényi olaj
- 10 1/2 uncia (300 g) marhahúsmaradék, kockákra vágva
- 3 1/2 uncia (100 g) szalonnadarab, 3 cm-es kockákra vágva
- 1 hagyma hámozatlanul, vékonyra szeletelve
- 5 gerezd fokhagyma hámozatlanul, félbevágva
- 6 szál kakukkfű
- 3 friss babérlevél
- 1 tk szemes fekete bors
- 1/4 csésze (65 ml) brandy
- 6 1/2 csésze (1 1/2 liter) legjobb minőségű csirkealaplé

UTASÍTÁS:
GAZDASÁGOS MARHAHÚS ALKALMAZÁSA:

a) Egy nagy edényben felforrósítjuk a növényi olajat és a barna marhahústörmeléket és a szalonnát. Adjunk hozzá apróra vágott hagymát, fokhagymát, kakukkfüvet, babérlevelet és fekete borsot. Addig főzzük, amíg a hagyma meg nem puhul. Adjunk hozzá pálinkát, és főzzük, amíg el nem párolog.

b) Felöntjük csirke alaplével, és körülbelül 1 órán át pároljuk. Szűrjük le és tegyük félre.

ELKÉSZÍTSE A TÖLTETÉST:

c) Egy nagy serpenyőben felforrósítjuk a növényi olajat. Hozzáadjuk a darált marhahúst, és barnára sütjük. Adjunk hozzá apróra vágott hagymát, fokhagymát, gombát, sárgarépát és zellert. Addig főzzük, amíg a zöldségek megpuhulnak.

d) Keverje hozzá a petrezselymet, a zellerleveleket, a kakukkfüvet, a rozmaringot, a mustárt, a paradicsompürét, a horopito leveleket (ha használ) és a sót. Jól összekeverni.

e) A kukoricakeményítőt kevés vízben feloldjuk, és a keverékhez adjuk. Addig főzzük, amíg a keverék besűrűsödik. Levesszük a tűzről és hagyjuk kihűlni.

ÖSSZEÁLLÍTJA A PÉTÁT:

f) A sütőt előmelegítjük a leveles tésztához ajánlott hőmérsékletre.

g) A leveles tésztát kinyújtjuk, és kibéleljük egy piteforma alját. Megtöltjük a kihűlt húskeverékkel, a tetejére szórjuk a reszelt cheddart.

h) Fedjük le egy másik réteg leveles tésztával. Lezárjuk a széleit és megkenjük felvert tojással.

i) Előmelegített sütőben addig sütjük, amíg a tészta aranybarna nem lesz és átsül.

j) Az új-zélandi húsos pitét forrón tálaljuk, bőséges marhahúsleves körettel mártogatáshoz.

52.Zöld Curry Pāua (Abalone) Keverjük Fry

ÖSSZETEVŐK:

- 1 csésze darált pāua (abalone)
- 2 evőkanál zöld curry paszta
- 1 doboz (400 ml) kókusztej
- 1 csésze vegyes zöldség (kaliforniai paprika, hóborsó, sárgarépa)
- 1 evőkanál halszósz
- 1 evőkanál szójaszósz
- 1 evőkanál barna cukor
- Friss bazsalikomlevél a díszítéshez
- Főtt jázmin rizs

UTASÍTÁS:

a) Egy wokban vagy serpenyőben hevíts fel kevés olajat, és kevergetve süsd készre a darált pāuát.
b) Adjunk hozzá zöld curry pasztát, és keverjük egy percig.
c) Felöntjük kókusztejjel, és lassú tűzön felforraljuk.
d) Adjuk hozzá a vegyes zöldségeket, a halszószt, a szójaszószt és a barna cukrot. Addig főzzük, amíg a zöldségek megpuhulnak.
e) A curryt főtt jázminrizsre tálaljuk, és friss bazsalikomlevéllel díszítjük.

53.Grillezett kék tőkehal citrommal és fűszervajjal

ÖSSZETEVŐK:

- 4 kék tőkehal filé
- 4 evőkanál olvasztott vaj
- 1 citrom leve
- 1 citrom héja
- 2 evőkanál friss fűszernövények (petrezselyem, kapor), apróra vágva
- Só és bors ízlés szerint

UTASÍTÁS:

a) Melegítse elő a grillt vagy a grillt.
b) Ízesítsük a kék tőkehalfilét sóval és borssal.
c) A filét grillezésig sütjük.
d) Egy kis tálban keverjük össze az olvasztott vajat, a citromlevet, a citromhéjat és a friss fűszernövényeket.
e) Tálalás előtt a grillezett kék tőkehalra csorgassuk a citrom- és fűszervajat.

54.Őzgerinc és vörösboros rakott

ÖSSZETEVŐK:

- 500 g őzpörkölt hús
- 1 hagyma, apróra vágva
- 2 sárgarépa, meghámozva és felszeletelve
- 2 gerezd fokhagyma, felaprítva
- 2 csésze vörösbor
- 1 csésze marhahúsleves
- 2 evőkanál paradicsompüré
- 1 evőkanál olívaolaj
- 1 teáskanál szárított kakukkfű
- Só és bors ízlés szerint

UTASÍTÁS:

a) Egy nagy serpenyőben közepes lángon hevíts olívaolajat.

b) Barna őzpörkölt hús tételekben.

c) Adjuk hozzá az apróra vágott hagymát, sárgarépát és zúzott fokhagymát. Addig pároljuk, amíg a zöldségek megpuhulnak.

d) Felöntjük vörösborral, marhahúslevessel, paradicsompürével, szárított kakukkfűvel, sóval, borssal.

e) Fedjük le és süssük a sütőben 160°C-on 2-3 órán keresztül, vagy amíg a szarvashús megpuhul.

f) Burgonyapürével vagy ropogós kenyérrel tálaljuk.

55.Hāngī stílusú bárány- és zöldségpörkölt

ÖSSZETEVŐK:
- 500 g báránylapocka, kockára vágva
- 4 burgonya meghámozva és felkockázva
- 2 kūmara (édesburgonya), meghámozva és felkockázva
- 2 sárgarépa, meghámozva és felszeletelve
- 1 hagyma, apróra vágva
- 2 gerezd fokhagyma, felaprítva
- 2 csésze marha- vagy bárányleves
- 2 teáskanál őrölt kömény
- 2 teáskanál őrölt koriander
- Só és bors ízlés szerint
- Díszítésnek apróra vágott friss menta

UTASÍTÁS:
a) Egy nagy fazékban megpirítjuk a kockára vágott bárányt.

b) Adjuk hozzá az apróra vágott hagymát és a zúzott fokhagymát, pároljuk, amíg megpuhul.

c) Keverje hozzá a burgonyát, a kūmarát, a sárgarépát, a húslevest, az őrölt köményt és az őrölt koriandert.

d) Sózzuk, borsozzuk, lefedjük, és addig pároljuk, amíg a bárány megpuhul és a zöldségek megpuhulnak.

e) Tálalás előtt apróra vágott friss mentával díszítjük.

56. Rewena Paraoa (Māori kenyér) Burger

ÖSSZETEVŐK:
- Marha vagy bárány burger pogácsák
- Rewena kenyérszeletek (az előző válaszban szereplő Rewena Paraoa receptből)
- Saláta levelek
- Paradicsom szelet
- Hagymakarikák
- Cékla szelet
- Kedvenc burger szószod

UTASÍTÁS:
a) Ízlés szerint grillezzük vagy főzzük a burgerpogácsákat.
b) Pirítós szelet Rewena kenyér.
c) Állítsd össze a hamburgereket úgy, hogy egy salátalevelet teszel egy szelet kenyérre, majd egy hamburgerpogácsát, paradicsomszeleteket, hagymakarikákat, céklaszeleteket és kedvenc szószodat.
d) A tetejére még egy szelet Rewena kenyér.

57.Rák (szikla homár) farok fokhagymás vajjal

ÖSSZETEVŐK:

- 4 rákfarok, kettévágva
- 1/2 csésze vaj, olvasztott
- 4 gerezd fokhagyma, felaprítva
- 2 evőkanál friss petrezselyem, apróra vágva
- Só és bors ízlés szerint
- Citromszeletek a tálaláshoz

UTASÍTÁS:

a) Melegítse elő a grillt vagy a grillt.
b) Egy tálban keverjük össze az olvasztott vajat, a darált fokhagymát, az apróra vágott petrezselymet, a sót és a borsot.
c) Kenjük meg a rák farkát a fokhagymás vajas keverékkel.
d) Grill a rák farkát, amíg meg nem fő és kissé elszenesedett.
e) Az oldalára citromkarikákkal tálaljuk.

58.Új-zélandi zöld curry bárány

ÖSSZETEVŐK:

- 500 g bárányhús, kockára vágva
- 2 evőkanál zöld curry paszta
- 1 doboz (400 ml) kókusztej
- 1 csésze zöldbab, vágva
- 1 piros kaliforniai paprika, szeletelve
- 1 csésze bébispenót
- 2 evőkanál halszósz
- 1 evőkanál barna cukor
- Főtt jázmin rizs tálaláshoz

UTASÍTÁS:

a) Wokban vagy nagy serpenyőben pirítsuk meg a kockára vágott bárányt.
b) Adjunk hozzá zöld curry pasztát, és keverjük egy percig.
c) Öntsük hozzá a kókusztejet, a halszószt és a barna cukrot. Forraljuk fel.
d) Hozzáadjuk a zöldbabot és a pirospaprikát, és addig főzzük, amíg a zöldségek megpuhulnak.
e) Addig keverjük a bébispenóttal, amíg meg nem fonnyad.
f) Főtt jázmin rizs fölé tálaljuk.

59.Hāngī csirke töltelékkel

ÖSSZETEVŐK:

- 1 egész csirke
- 2 csésze töltelék mix
- 1 hagyma, finomra vágva
- 2 evőkanál vaj
- Só és bors ízlés szerint
- Olivaolaj

UTASÍTÁS:

a) A tölteléket a csomagoláson található utasítások szerint készítsük el.
b) Töltsük meg a csirke üregét az elkészített töltelékkel.
c) Egy serpenyőben az apróra vágott hagymát vajban puhára pároljuk.
d) A csirkét bedörzsöljük olívaolajjal, sóval, borssal.
e) Süssük a csirkét a sütőben, amíg meg nem pirul és aranybarna nem lesz.
f) További töltelékkel az oldalára tálaljuk.

60.Maori Forraljuk fel

ÖSSZETEVŐK:

- 500 g sertéscsont vagy sertéshas
- 1 hagyma, apróra vágva
- 2 burgonya, meghámozva és felkockázva
- 2 kūmara (édesburgonya), meghámozva és felkockázva
- 1 csésze vízitorma vagy spenót
- 1 csésze puha levél (koca bogáncs) vagy helyettesítse több spenóttal
- 1 csésze zöldbab, apróra vágva
- Só és bors ízlés szerint

UTASÍTÁS:

a) Egy nagy fazékban felforraljuk a sertéscsontokat vagy a sertés hasát annyi vízben, hogy ellepje.
b) Dobja le a habot, majd adjon hozzá apróra vágott hagymát, kockára vágott burgonyát és kūmarát.
c) Addig pároljuk, amíg a burgonya majdnem megpuhul.
d) Adjuk hozzá a vízitormát, a puha leveleket és a zöldbabot. Addig pároljuk, amíg minden zöldség meg nem fő.
e) Sózzuk, borsozzuk.
f) Forrón tálaljuk.

61.Kék Cod Hal Tacos

ÖSSZETEVŐK:
- 500 g kék tőkehal filé csíkokra vágva
- 1 csésze liszt
- 1 teáskanál sütőpor
- 1 csésze sör (a lager jól működik)
- 1 teáskanál paprika
- Só és bors ízlés szerint
- Kukorica tortillák
- Reszelt káposzta
- Szeletelt retek
- Lime ékek
- Friss koriander díszítéshez

UTASÍTÁS:
a) Egy tálban keverjük össze a lisztet, a sütőport, a sört, a paprikát, a sót és a borsot a tésztához.
b) Mártson kék tőkehal csíkokat a tésztába, hagyja, hogy a felesleg lecsepegjen.
c) A bevont halat forró olajban aranybarnára és ropogósra sütjük.
d) Melegítse fel a kukorica tortillákat, és állítsa össze a tacókat aprított káposztával, halcsíkokkal, szeletelt retekkel, lime szeletekkel és friss korianderrel.

62.Kiwi mázas csirke

ÖSSZETEVŐK:

- 4 csirkemell
- 2 kiwi, meghámozva és pépesítve
- 1/4 csésze szójaszósz
- 2 evőkanál méz
- 2 evőkanál olívaolaj
- 2 gerezd fokhagyma, felaprítva
- 1 teáskanál gyömbér, reszelve
- Só és bors ízlés szerint
- Szezámmag a díszítéshez

UTASÍTÁS:

a) Egy tálban keverjük össze a tört kivit, a szójaszószt, a mézet, az olívaolajat, a darált fokhagymát, a reszelt gyömbért, a sót és a borsot.
b) Pácold a csirkemelleket a kivikeverékben legalább 30 percig.
c) Melegítse elő a grillt vagy a grillt.
d) A csirkét teljesen megfőzzük, meglocsoljuk páclével.
e) Tálalás előtt szezámmaggal díszítjük.

LEVESEK ÉS LEVESEK

63.Zöld ajkú kagylólé

ÖSSZETEVŐK:
- 1 kg zöldajkú kagyló, megtisztítva és szakálltalanítva
- 2 evőkanál vaj
- 1 hagyma, apróra vágva
- 2 gerezd fokhagyma, felaprítva
- 2 burgonya, meghámozva és felkockázva
- 2 sárgarépa, meghámozva és felszeletelve
- 4 csésze hal- vagy zöldségleves
- 1 csésze tejszín
- 1 csésze tej
- Só és bors ízlés szerint
- Díszítésnek apróra vágott friss petrezselymet

UTASÍTÁS:
a) Egy nagy lábasban felolvasztjuk a vajat, és az apróra vágott hagymát és a zúzott fokhagymát puhára pároljuk.
b) Hozzáadjuk a kockára vágott burgonyát, a felszeletelt sárgarépát és a húslevest. Pároljuk, amíg a zöldségek megpuhulnak.
c) Adjuk hozzá a megtisztított kagylót, a tejszínt és a tejet. Addig főzzük, amíg a kagylók ki nem nyílnak és megpuhulnak.
d) Sózzuk, borsozzuk, és apróra vágott friss petrezselyemmel díszítjük.

64. Kumara (édesburgonya) és sütőtökleves

ÖSSZETEVŐK:
- 2 csésze kumara (édesburgonya), meghámozva és felkockázva
- 2 csésze sütőtök, meghámozva és felkockázva
- 1 hagyma, apróra vágva
- 2 gerezd fokhagyma, felaprítva
- 4 csésze zöldségleves
- 1 teáskanál őrölt kömény
- Só és bors ízlés szerint
- Olívaolaj főzéshez
- Tejföl és metélőhagyma a díszítéshez

UTASÍTÁS:
a) Egy nagy fazékban közepes lángon hevítsünk olívaolajat. Adjuk hozzá az apróra vágott hagymát és fokhagymát, pároljuk, amíg megpuhul.

b) Hozzáadjuk a kockára vágott kumarát és a sütőtököt, és kevergetve bevonjuk a hagymát és a fokhagymát.

c) Felöntjük a zöldséglevessel, hozzáadjuk az őrölt köményt, sózzuk, borsozzuk.

d) Forraljuk fel, majd mérsékeljük a hőt, és addig főzzük, amíg a zöldségek megpuhulnak.

e) Turmixgéppel pürésítsd simára a levest.

f) Forrón, egy kanál tejföllel és apróra vágott metélőhagymával díszítve tálaljuk.

65.Kumara (édesburgonya) és szalonnaleves

ÖSSZETEVŐK:

- 2 nagy kumara (édesburgonya), meghámozva és felkockázva
- 1 hagyma, apróra vágva
- 2 gerezd fokhagyma, felaprítva
- 4 csésze csirke- vagy zöldségleves
- 200 g bacon, apróra vágva
- 1 csésze tejszín
- Só és bors ízlés szerint
- Friss metélőhagyma a díszítéshez

UTASÍTÁS:

a) Egy nagy fazékban megdinszteljük az apróra vágott hagymát és a zúzott fokhagymát, amíg megpuhul.

b) Hozzáadjuk a kockára vágott kumarát és az apróra vágott szalonnát, és addig főzzük, amíg a szalonna ropogós nem lesz.

c) Felöntjük a húslevessel, felforraljuk, majd csökkentjük a hőt, és addig főzzük, amíg a kumara megpuhul.

d) Turmixgéppel pürésítsd simára a levest.

e) Hozzákeverjük a tejszínt, és sóval, borssal ízesítjük.

f) Tálalás előtt friss metélőhagymával díszítjük.

66.Zöld ajkú kagylólé

ÖSSZETEVŐK:
- 1 kg zöldajkú kagyló, megtisztítva és szakálltalanítva
- 2 evőkanál vaj
- 1 hagyma, apróra vágva
- 2 gerezd fokhagyma, felaprítva
- 2 burgonya, meghámozva és felkockázva
- 2 sárgarépa, meghámozva és felszeletelve
- 4 csésze hal- vagy zöldségleves
- 1 csésze tejszín
- Só és bors ízlés szerint
- Díszítésnek apróra vágott friss petrezselymet

UTASÍTÁS:
a) Egy nagy lábasban felolvasztjuk a vajat, és az apróra vágott hagymát és a zúzott fokhagymát puhára pároljuk.

b) Hozzáadjuk a kockára vágott burgonyát, a felszeletelt sárgarépát és a húslevest. Pároljuk, amíg a zöldségek megpuhulnak.

c) Hozzáadjuk a megtisztított kagylót, a tejszínt, és addig főzzük, amíg a kagylók ki nem nyílnak és megpuhulnak.

d) Sózzuk, borsozzuk, és apróra vágott friss petrezselyemmel díszítjük.

67.Sütőtök és paua (abalone) leves

ÖSSZETEVŐK:
- 500 g sütőtök meghámozva és felkockázva
- 1 hagyma, apróra vágva
- 2 gerezd fokhagyma, felaprítva
- 1 csésze paua (abalone), szeletelve
- 4 csésze csirke- vagy zöldségleves
- 1 teáskanál őrölt kömény
- 1 teáskanál őrölt koriander
- Só és bors ízlés szerint
- Olívaolaj főzéshez
- Köretnek görög joghurt

UTASÍTÁS:
a) Egy nagy lábasban az apróra vágott hagymát és a felaprított fokhagymát olívaolajon puhára pároljuk.

b) Adjuk hozzá a kockára vágott sütőtököt és a felszeletelt pauát, keverjük, hogy bevonja a hagymát és a fokhagymát.

c) Felöntjük a húslevessel, hozzáadjuk az őrölt köményt és a koriandert. Felforraljuk, majd csökkentjük a hőt, és addig főzzük, amíg a sütőtök megpuhul.

d) Turmixgéppel pürésítsd simára a levest.

e) Sóval és borssal ízesítjük, és egy kanál görög joghurttal tálaljuk.

68.Kagyló és burgonyalé

ÖSSZETEVŐK:

- 1 kg kagyló tisztítva és szakálltalanítva
- 2 evőkanál vaj
- 1 hagyma, apróra vágva
- 2 zellerszár, apróra vágva
- 2 burgonya, meghámozva és felkockázva
- 4 csésze hal- vagy zöldségleves
- 1 csésze tej
- 2 evőkanál liszt
- Só és bors ízlés szerint
- Friss kapor díszítéshez

UTASÍTÁS:

a) Egy nagy fazékban felolvasztjuk a vajat, és az apróra vágott hagymát és a zellert megpároljuk, amíg megpuhul.
b) Hozzáadjuk a kockára vágott burgonyát, és pár percig főzzük.
c) Felöntjük a húslevessel, és lassú tűzön főzzük, amíg a burgonya megpuhul.
d) Egy külön tálban keverjük össze a lisztet egy kis tejjel, hogy sima masszát kapjunk. Belekeverjük az edénybe, hogy a leves besűrűsödjön.
e) Adjuk hozzá a megtisztított kagylót, és főzzük, amíg ki nem nyílnak. Felöntjük a maradék tejjel.
f) Sózzuk, borsozzuk, tálalás előtt friss kaporral díszítjük.

69.Sütőtök és szalonnás leves

ÖSSZETEVŐK:
- 500 g sütőtök meghámozva és felkockázva
- 200 g bacon, apróra vágva
- 1 hagyma, apróra vágva
- 2 gerezd fokhagyma, felaprítva
- 4 csésze csirke- vagy zöldségleves
- 1 teáskanál őrölt szerecsendió
- Só és bors ízlés szerint
- Olívaolaj főzéshez
- Tejföl a díszítéshez

UTASÍTÁS:
a) Egy nagy lábasban olívaolajon megdinszteljük az apróra vágott hagymát, a darált fokhagymát és az apróra vágott szalonnát, amíg a szalonna ropogós nem lesz.
b) Adjuk hozzá a kockára vágott sütőtököt, az őrölt szerecsendiót, és keverjük össze.
c) Felöntjük a húslevessel és felforraljuk, majd csökkentjük a hőt, és addig pároljuk, amíg a sütőtök megpuhul.
d) Turmixgéppel pürésítsd simára a levest.
e) Sóval, borssal ízesítjük, tálalás előtt egy kanál tejföllel díszítjük.

70.Kūmara és kókuszleves

ÖSSZETEVŐK:

- 2 nagy kūmara (édesburgonya), meghámozva és felkockázva
- 1 hagyma, apróra vágva
- 2 gerezd fokhagyma, felaprítva
- 1 doboz (400 ml) kókusztej
- 4 csésze zöldségleves
- 1 teáskanál őrölt kurkuma
- 1 teáskanál őrölt kömény
- Só és bors ízlés szerint
- Friss koriander a díszítéshez

UTASÍTÁS:

a) Egy nagy fazékban megdinszteljük az apróra vágott hagymát és a zúzott fokhagymát, amíg megpuhul.
b) Hozzáadjuk a kockára vágott kūmarát, az őrölt kurkumát és az őrölt köményt. Keverjük, hogy bevonja a zöldségeket.
c) Felöntjük a kókusztejjel és a zöldséglevessel. Forraljuk fel, majd csökkentsük a hőt, és addig főzzük, amíg a kūmara megpuhul.
d) Turmixgéppel pürésítsd simára a levest.
e) Sózzuk, borsozzuk, tálalás előtt friss korianderrel díszítjük.

71.Zöldborsó-sonka leves

ÖSSZETEVŐK:
- 2 csésze zöldborsó (friss vagy fagyasztott)
- 200 g sonka, kockára vágva
- 1 hagyma, apróra vágva
- 2 sárgarépa, meghámozva és felszeletelve
- 2 burgonya, meghámozva és felkockázva
- 4 csésze csirke- vagy zöldségleves
- 1 babérlevél
- Só és bors ízlés szerint
- Friss kakukkfű a díszítéshez

UTASÍTÁS:
a) Egy nagy fazékban puhára pároljuk az apróra vágott hagymát.
b) Hozzáadjuk a kockára vágott sonkát, a felszeletelt sárgarépát, a kockára vágott burgonyát, a zöldborsót és a babérlevelet. Keverjük össze.
c) Felöntjük a húslevessel, és addig főzzük, amíg a zöldségek megpuhulnak.
d) Távolítsa el a babérlevelet, és botmixerrel pürésítse a leves egy részét, hagyjon meg néhány darabot az állaghoz.
e) Sózzuk, borsozzuk, tálalás előtt friss kakukkfűvel díszítjük.

72.Sertés- és vízitormaleves

ÖSSZETEVŐK:

- 500 g sertéskaraj, vékonyra szeletelve
- 1 csokor vízitorma, apróra vágva
- 1 hagyma, apróra vágva
- 2 gerezd fokhagyma, felaprítva
- 4 csésze csirke- vagy sertésleves
- 1 csésze hóborsó, vágva
- 1 csésze babcsíra
- Szójaszósz ízlés szerint
- Szezámolaj a csepegtetéshez

UTASÍTÁS:

a) Egy nagy fazékban megdinszteljük az apróra vágott hagymát és a zúzott fokhagymát, amíg megpuhul.
b) Hozzáadjuk a vékonyra szeletelt sertéskarajt, és barnára sütjük.
c) Felöntjük csirke- vagy sertéslevessel, és lassú tűzön felforraljuk.
d) Adjuk hozzá az apróra vágott vízitormát, hóborsót és a babcsírát. Addig főzzük, amíg a zöldségek megpuhulnak.
e) Ízlés szerint szójaszósszal ízesítjük, és tálalás előtt meglocsoljuk szezámolajjal.

73.Új-zélandi tengeri leves

ÖSSZETEVŐK:
- 200 g fehér halfilé kockára vágva
- 200 g kagyló megtisztítva és szakálltalanítva
- 200 g garnélarák, meghámozva és kivágva
- 2 evőkanál vaj
- 1 hagyma, apróra vágva
- 2 sárgarépa, meghámozva és felkockázva
- 2 burgonya, meghámozva és felkockázva
- 4 csésze hal- vagy zöldségleves
- 1 csésze tej
- 1/2 csésze tejszín
- Só és bors ízlés szerint
- Díszítésnek apróra vágott friss petrezselymet

UTASÍTÁS:
a) Egy nagy lábasban felolvasztjuk a vajat, és az apróra vágott hagymát puhára pároljuk.

b) Adjuk hozzá a kockára vágott sárgarépát, a kockára vágott burgonyát és a húslevest. Addig pároljuk, amíg a zöldségek megpuhulnak.

c) Hozzáadjuk a kockára vágott fehér halat, a megtisztított kagylót és a hámozott garnélarákot. Addig főzzük, amíg a tenger gyümölcsei megpuhulnak.

d) Felöntjük tejjel és tejszínnel. Pároljuk, amíg át nem melegszik.

e) Sóval, borssal ízesítjük, és tálalás előtt aprított friss petrezselyemmel díszítjük.

74. Hāngī Zöldségleves

ÖSSZETEVŐK:

- 2 kūmara (édesburgonya), meghámozva és felkockázva
- 2 burgonya, meghámozva és felkockázva
- 2 sárgarépa, meghámozva és felszeletelve
- 1 hagyma, apróra vágva
- 2 gerezd fokhagyma, felaprítva
- 1 csésze puha levél (koca bogáncs) vagy spenót
- 4 csésze zöldségleves
- 1 teáskanál őrölt koriander
- 1 teáskanál őrölt kömény
- Só és bors ízlés szerint
- Olívaolaj főzéshez

UTASÍTÁS:

a) Egy nagy lábasban az apróra vágott hagymát és a felaprított fokhagymát olívaolajon puhára pároljuk.

b) Hozzáadjuk a kockára vágott kūmarát, a kockára vágott burgonyát, a szeletelt sárgarépát és az őrölt koriandert. Keverjük, hogy bevonja a zöldségeket.

c) Felöntjük zöldséglevessel és felforraljuk, majd csökkentjük a hőt, és addig főzzük, amíg a zöldségek megpuhulnak.

d) Adjunk hozzá puha leveleket vagy spenótot, és főzzük, amíg megfonnyad.

e) Tálalás előtt fűszerezzük őrölt köménnyel, sóval, borssal.

KÖRETEK ÉS SALÁTÁK

75.Új-zélandi spenót gratin

ÖSSZETEVŐK:

- 1 font (450 g) új-zélandi spenót, megmosva és apróra vágva
- 2 evőkanál olívaolaj
- 1 hagyma, finomra vágva
- 2 gerezd fokhagyma, felaprítva
- Só és bors, ízlés szerint
- 1 csésze (240 ml) tejszín
- 1 csésze (100 g) reszelt Gruyere vagy parmezán sajt
- 2 evőkanál zsemlemorzsa

UTASÍTÁS:

a) Melegítsd elő a sütőt 190°C-ra (375°F).
b) Egy nagy serpenyőben közepes lángon hevítsük fel az olívaolajat. Adjuk hozzá az apróra vágott hagymát és a zúzott fokhagymát. Addig pirítjuk, amíg a hagyma puha és áttetsző nem lesz.
c) Adjuk hozzá az apróra vágott új-zélandi spenótot a serpenyőbe. Főzzük néhány percig, amíg a spenót megpuhul. Ízlés szerint sózzuk, borsozzuk.
d) Egy külön serpenyőben közepes lángon hevítsük fel a tejszínt. Miután felmelegedett, hozzáadjuk a reszelt sajtot, és addig keverjük, amíg elolvad. Ízesítsük még sóval és borssal, ha szükséges.
e) Keverjük össze a párolt spenót keveréket a sajt és a tejszín keverékével. Jól keverjük össze, hogy a spenót egyenletesen bevonódjon.
f) Tegye át a keveréket egy tepsibe, egyenletesen oszlassa el.
g) Szórd meg zsemlemorzsával a spenótos keverék tetejét. Ez ropogós textúrát ad a gratinnak.
h) Előmelegített sütőben körülbelül 20-25 percig sütjük, vagy amíg a teteje aranybarna nem lesz, és a gratén megpuhul.
i) Tálalás előtt vegyük ki a sütőből és hagyjuk hűlni néhány percig. Az új-zélandi spenótgratint köretként vagy könnyű főételként tálaljuk.

76. Hāngī-ihlette sült bab

ÖSSZETEVŐK:
- 2 doboz (15 oz egyenként) cannellini bab, lecsepegtetve és leöblítve
- 1 hagyma, finomra vágva
- 2 gerezd fokhagyma, felaprítva
- 1 csésze paradicsomos passata (paradicsompüré)
- 1/4 csésze barna cukor
- 2 evőkanál Worcestershire szósz
- Só és bors ízlés szerint

UTASÍTÁS:
a) Melegítsük elő a sütőt 180°C-ra (350°F).
b) Egy tepsiben keverje össze a cannellini babot, az apróra vágott hagymát, a darált fokhagymát, a paradicsomos passatát, a barna cukrot és a Worcestershire szószt.
c) Sózzuk, borsozzuk, jól összekeverjük, majd alufóliával letakarjuk.
d) Süssük körülbelül 30-40 percig, vagy amíg a bab megpuhul, és az ízek jól össze nem keverednek.
e) Finom köretként vagy pirítósra tálaljuk egy kiadós reggelihez.

77.Kūmara és spenótos saláta grillezett halloumival

ÖSSZETEVŐK:

- 2 csésze kūmara (édes burgonya), meghámozva és felkockázva
- 200 g halloumi sajt, szeletelve
- 4 csésze bébispenót
- 1/4 csésze tökmag
- 1/4 csésze olívaolaj
- 2 evőkanál balzsamecet
- 1 evőkanál méz
- Só és bors ízlés szerint

UTASÍTÁS:

a) Gőzöljük vagy pirítsuk a kūmarát puhára.

b) Egy serpenyőben grillezzük a halloumi szeleteket mindkét oldalukon aranybarnára.

c) Egy nagy tálban keverje össze a bébispenótot, a kūmarát, a grillezett halloumit és a tökmagot.

d) Egy kis tálban keverjük össze az olívaolajat, a balzsamecetet, a mézet, a sót és a borsot.

e) Tálalás előtt az öntetet a salátára öntjük.

78. Új-zélandi spenót befőzése

ÖSSZETEVŐK:
- 2-6 kiló friss, fiatal és zsenge új-zélandi spenót

Módszer (Hot Pack):
a) Válasszon frissen szedett, fiatal és zsenge spenótot.
b) Szervezze meg és készítse elő az összes szükséges felszerelést és munkaterületét.
c) A spenótot alaposan mossa meg többszöri vízcserével, és óvatosan szedje le, hogy eltávolítsa a szennyeződéseket.
d) Távolítson el minden kemény szárat és középső bordát a spenótról.
e) Az elkészített spenótot egy nagy serpenyőbe helyezzük annyi vízzel, hogy ne ragadjon le. Általában elegendő a levelekhez tapadt víz.
f) Melegítsük fel a spenótot, amíg meg nem fonnyad, fordítsuk meg a spenótot, amikor a gőz kezd emelkedni a serpenyő szélein. Csomagolás előtt éles késsel vagy konyhai ollóval többször átvágjuk a spenótot.
g) A forró spenótot nagyon lazán csomagolja forró pintes vagy literes üvegekbe, hagyva 1 hüvelyk helyet a tetejétől. Opcionálisan adjon hozzá ½ teáskanál sót minden fél literes üveghez, vagy 1 teáskanál sót minden literhez.
h) Öntsön forrásban lévő vizet az üvegekbe, hagyjon 1 hüvelyk távolságot a tetejétől.
i) Nedves, tiszta ruhával törölje le az üvegek tetejét és szálait.
j) A gyártó utasításait követve tegye fel a fedeleket és a csavarkötéseket.
k) Az üvegeket 10 font nyomáson dolgozza fel: 1 óra 10 percet fél liternél vagy 1 óra 30 percet liternél.

79. Háromszínű új-zélandi saláta

ÖSSZETEVŐK:
- 4 Kiwi gyümölcs
- 1 nagy paradicsom
- 1 uborka
- 2 avokádó
- Friss bazsalikom gallyak
- ½ csésze narancslé
- 1 teáskanál balzsamecet
- ½ teáskanál dijoni mustár

UTASÍTÁS:
a) Mossa meg és vágja le a kivi végét.
b) Vágja a kivit ¼" vastag szeletekre.
c) A paradicsomot szeletekre vágjuk.
d) Az uborkát felszeleteljük.
e) Hámozzuk meg és szeleteljük fel az avokádót.
f) A kiwi szeleteket, a paradicsomszeleteket, az uborkaszeleteket és a szeletelt avokádót egyformán elrendezzük négy saláta tányér között.
g) Díszítsen minden tányért friss bazsalikomgal.
h) Egy kis tálban keverjük össze a narancslevet, a balzsamecetet és a dijoni mustárt, amíg alaposan össze nem keveredik.
i) Közvetlenül tálalás előtt csorgassuk az öntettel az elkészített salátalapokra.

80.Új-zélandi barna rizs és kivi saláta

ÖSSZETEVŐK:

- 1 csésze barna rizs
- 2 Kiwi
- 1 új Granny Smith vagy Braeburn alma
- ½ csésze vékonyra szeletelt zeller
- ½ csésze pirospaprika csíkok
- ¼ csésze pirított diódarabok
- ¼ csésze vékonyra szeletelt zöldhagyma
- 2 evőkanál apróra vágott petrezselyem
- 3 evőkanál Sherry ecet
- 1 evőkanál olívaolaj

UTASÍTÁS:

a) A barna rizst vízben főzzük meg a csomagoláson található utasítások szerint.
b) Lecsöpögtetjük és hagyjuk kihűlni.
c) Hámozzuk meg a kivit, és vágjuk ¼ hüvelyk vastag szeletekre. Vágja félbe a szeleteket, hogy félköröket formázzon.
d) Az almát kimagozzuk, és fél hüvelykes kockákra vágjuk.
e) A zellert vékonyan felszeleteljük, a pirospaprikát csíkokra vágjuk, a diódarabokat megpirítjuk.
f) Egy salátástálban dobd össze a főtt barna rizst, a kivit, a kockára vágott almát, a vékonyra szeletelt zellert, a pirospaprika csíkokat, a pirított diódarabokat, a zöldhagymát és az apróra vágott petrezselymet.
g) Egy külön tálban keverjük össze a sherry ecetet és az olívaolajat.
h) Az ecet és az olaj keverékét csorgassuk a salátára.
i) Dobd fel a salátát, hogy minden hozzávalót jól bevonjon az öntettel.
j) A salátát letakarva 1-2 órára hűtőbe tesszük, hogy az ízek összeérjenek tálalás előtt.

81.Új-zélandi narancs papaya rizzsel és salsával

ÖSSZETEVŐK:
A RIZSHOZ:
- 3 csésze párolt fehér rizs vagy húszperces rizs
- 6 csésze papayalé
- 2 evőkanál margarin
- 1½ teáskanál Só
- ¼ csésze friss metélőhagyma, darálva

A HALAKHOZ:
- 4½ font Orange Roughy (vagy 12 hat uncia filé)
- 12 uncia tenger gyümölcsei máz és rántott szósz

A FŰSZERES GYÜMÖLCS SALSAHOZ:
- 2 papaya, meghámozva, kimagozva és felkockázva
- 2 Kiwi, meghámozva és felkockázva
- 1 nagy piros kaliforniai paprika kimagozva és felkockázva
- 1 nagy vöröshagyma, felkockázva
- 2 Jalapeno paprika kimagozva és darálva
- ¼ csésze friss limelé
- ¼ csésze friss citromlé

KÍSÉRET:
- Saláta
- Párolt zöldbab

UTASÍTÁS:
A FŰSZERES GYÜMÖLCS SALSAHOZ:
a) Keverje össze a salsa összes összetevőjét egy tálban.
b) Lefedjük és tálalásig hűtőbe tesszük.
A RIZSHOZ:
c) Forraljuk fel a papaya levét egy edényben.
d) Adjuk hozzá a margarint és a sót, majd keverjük hozzá a rizst.
e) Csökkentse a hőt, fedje le és párolja 20 percig.
f) Tálalás előtt adjunk hozzá darált metélőhagymát.
A HALAKHOZ:
g) Öblítse le a narancssárga filét hideg víz alatt, és törölje szárazra.
h) A filéket közepes lángon, a hőforrástól 6 cm-re grillezzük mindkét oldalon 3-4 percig, vagy amíg a hal villával könnyen fel nem válik.
i) Kenjük meg a filéket az elkészített tenger gyümölcsei mázzal és rántással.
ÖSSZESZERELÉS:
j) Tálaljon minden narancssárga filét egy bőséges adag fűszeres gyümölcssalsával a tetejére.
k) Tányérra a halat papaya rizzsel és párolt zöldbab oldalával.
l) Frissítő kísérőként vegyen be egy friss salátát.

82.Kūmara (édesburgonya) ékek

ÖSSZETEVŐK:

- 2 nagy kūmara (édesburgonya), meghámozva és szeletekre vágva
- 2 evőkanál olívaolaj
- 1 teáskanál füstölt paprika
- 1 teáskanál őrölt kömény
- Só és bors ízlés szerint
- Friss petrezselyem a díszítéshez

UTASÍTÁS:

a) Melegítsük elő a sütőt 200°C-ra (légkeveréses 180°C).

b) Egy tálban dobd meg a kūmara szeleteket olívaolajjal, füstölt paprikával, őrölt köménnyel, sóval és borssal.

c) A szeleteket egy tepsire terítjük egy rétegben.

d) Süssük a sütőben 25-30 percig, vagy amíg aranybarna és ropogós nem lesz.

e) Tálalás előtt díszítsük friss petrezselyemmel.

83. Hasselback burgonya

ÖSSZETEVŐK:

- 6 db közepes méretű lisztes/sült vagy univerzális burgonya, megpucolva
- 50 g vaj
- 2 evőkanál olívaolaj

UTASÍTÁS:

a) Vágjon minden burgonyát vékony szeletekre, amelyek körülbelül 0,5–1 cm-rel a burgonya alapja előtt állnak.

b) Ennek többféle módja is van, de én szeretek egy burgonyát két 6 mm vastag deszka, tányér vagy fakanál nyél közé tenni, így a késem nem tud végigszeletelni.

c) Olyan tűzálló sütőedényt vagy serpenyőt válasszunk, amely jól illeszkedik a burgonyához (nem szorosan), oldala pedig nem túl magas (3-5 cm magas).

d) Olvasszuk fel a vajat és az olívaolajat egy serpenyőben a tűzhely felett, és keverjünk hozzá 1 teáskanál sót.

e) Forgassuk meg ebben a burgonyát, hogy jól bevonják, majd vágott oldalukkal felfelé rendezzük el.

f) Felöntjük annyi forrásban lévő vízzel, hogy elérje a burgonya negyedét.

g) 1 óra 15 percig sütjük, 15 percenként locsoljuk meg vajas vízzel.

h) Az utolsó 30 percben adjunk hozzá még egy kis vizet, ha elpárolog.

84.Új-zélandi burgonyasaláta

ÖSSZETEVŐK:

- 4 csésze főtt és kockára vágott burgonya
- 1/2 csésze majonéz
- 1 evőkanál dijoni mustár
- 2 evőkanál almaecet
- 1 hagyma, finomra vágva
- 4 kemény tojás, apróra vágva
- Só és bors ízlés szerint
- Friss metélőhagyma a díszítéshez

UTASÍTÁS:

a) Egy nagy tálban keverjük össze a majonézt, a dijoni mustárt, az almaecetet, a sót és a borsot.
b) Hozzáadjuk a főtt és kockára vágott burgonyát, az apróra vágott hagymát és a kemény tojást. Dobd a kabáthoz.
c) Tálalás előtt friss metélőhagymával díszítjük.
d) Tálalás előtt hűtsük le a hűtőszekrényben a legjobb íz érdekében.

85.Kínaki saláta (paradicsom-avokádó saláta)

ÖSSZETEVŐK:

- 4 érett paradicsom kockára vágva
- 2 avokádó, felkockázva
- 1 vöröshagyma, vékonyra szeletelve
- 1/4 csésze apróra vágott friss koriander
- 1 lime leve
- 2 evőkanál olívaolaj
- Só és bors ízlés szerint

UTASÍTÁS:

a) Egy nagy tálban keverje össze a felkockázott paradicsomot, a kockára vágott avokádót, a vékonyra szeletelt lilahagymát és az apróra vágott koriandert.

b) Egy kis tálban keverjük össze a lime levét, az olívaolajat, a sót és a borsot.

c) Az öntetet a salátára öntjük, és óvatosan összeforgatjuk, hogy bevonja.

d) Azonnal tálaljuk frissítő köretként.

86.Káposztasaláta almával és dióval

ÖSSZETEVŐK:
- 4 csésze reszelt káposzta (zöld és vörös)
- 1 sárgarépa, lereszelve
- 1 alma, vékonyra szeletelve
- 1/2 csésze apróra vágott dió
- 1/2 csésze majonéz
- 2 evőkanál almaecet
- 1 evőkanál méz
- Só és bors ízlés szerint

UTASÍTÁS:
a) Egy nagy tálban keverjük össze a felaprított káposztát, a reszelt sárgarépát, a szeletelt almát és az apróra vágott diót.

b) Egy kis tálban keverjük össze a majonézt, az almaecetet, a mézet, a sót és a borsot.

c) Az öntetet a káposztasalátára öntjük, és jól összeforgatjuk.

d) Tálalás előtt legalább 30 percre hűtőbe tesszük, hogy az ízek összeérjenek.

87. Sowthistle Salsa

ÖSSZETEVŐK:

- 2x gerezd fokhagyma
- 60g koca bogáncs
- 100 g áztatott mogyoró
- 15 g petrezselyem
- ¼ teáskanál tengeri só
- 2 teáskanál koreai vörös chili pehely
- 4 evőkanál olívaolaj
- 10 koktélparadicsom (apróra vágva)

UTASÍTÁS:

a) A mogyorót 60 percre forrásban lévő vízbe áztatjuk. Szűrjük le és alaposan öblítsük le.

b) Áztassa a koca bogáncsot hideg vízben 60 percig. Ezután távolítsa el a levéllemezeket a nagyobb levelekről, dobja el a levélszárakat. Ne foglalkozz ezzel a kisebb levelekkel, mert a száruk nem lesz szálkás.

c) Törjük össze a fokhagymagerezdeket, és hagyjuk állni 15 percig. Ez „enzimreakciót vált ki, amely növeli a fokhagymában lévő egészséges vegyületeket". REF

d) Aprítógépben hozzáadjuk a mogyorót, a felaprított bogáncsot, a petrezselymet, a fokhagymát, a tengeri sót, az olívaolajat, a piros koreai chili pehelyt. Ezután pulzáljunk, amíg fel nem vágjuk és összekeverjük. Sűrű állagot szeretne, nem folyós.

e) Most vágd fel a tálba tett paradicsomot, és kanalazd ki a bogáncskeveréket. A paradicsomot villával vágjuk át a salsán.

f) Ezután tálaljuk mártásként kedvenc ételünkhöz. Hagyományosan grillezett hússal tálaljuk, de a növényi alapúaknak ajánlom diós cipóval, sült tempeh-vel, sült zöldségekkel és/vagy burgonyával stb.

DESSZERT ÉS ÉDESSÉGEK

88.Új-zélandi piskóta

ÖSSZETEVŐK:

- 3 tojás
- Egy csipet só
- 1 csésze Liszt
- ¾ csésze finom cukor (szokásos cukor is használható)
- 1 teáskanál Sütőpor
- 50 gramm vaj, olvasztott (kb. 2 uncia)

UTASÍTÁS:

a) Egy keverőtálban verjük fel a tojásokat, és adjunk hozzá egy csipet sót. Folytassa a verést, amíg a keverék sűrűvé nem válik.

b) A lisztet és a sütőport szitáljuk össze, majd adjuk hozzá a felvert tojáshoz.

c) Az olvasztott vajat a tojás és a liszt keverékéhez keverjük.

d) Egy mély, 20 cm-es (8 hüvelyk) kerek tortaformát kivajazunk és kibélelünk.

e) A masszát az előkészített tortaformába öntjük.

f) 190°C-on (375°F) sütjük 25-30 percig, vagy amíg a sütemény enyhén megérintve visszaugrik.

g) Hagyja a tortát 10 percig hűlni a formában, mielőtt hűtőrácsra helyezi.

89.Új-zélandi kiwi sajttorta

ÖSSZETEVŐK:

KÉREG:
- 1½ csésze Graham Cracker morzsa
- ¼ csésze granulált cukor
- 6 evőkanál vaj, olvasztott

SAJTTORTA:
- 1½ kiló krémsajt
- 1 csésze granulált cukor
- 2 evőkanál Tej
- ¼ teáskanál Só
- 1 teáskanál vanília kivonat
- 4 nagy tojás, enyhén felvert

FELTÉTEL:
- 1 csésze tejföl
- 3 evőkanál cukrászcukor
- ½ teáskanál vanília kivonat

DÍSZÍT:
- 2 Kiwi, meghámozva és szeletelve

UTASÍTÁS:
a) Melegítse elő a sütőt: Melegítse elő a sütőt 350 F-ra.

ELŐKÉSZÍTÉSE A TÉRSÉGET:
b) Egy keverőtálban keverjük össze a graham keksz morzsát, a kristálycukrot és az olvasztott vajat.

c) Nyomja a keveréket egy kivajazott, 9 hüvelykes rugós formájú tepsi aljára és részben felfelé az oldalára.

d) 10 percig sütjük az előmelegített sütőben. Töltés előtt hagyjuk kihűlni.

A SAJTTORTA ELKÉSZÍTÉSE:
e) Egy nagy keverőtálban keverje össze a krémsajtot, a tejet, a sót és a vaníliát, amíg jól el nem keveredik.

f) Adjuk hozzá a tojást és a kristálycukrot, és folytassuk a verést, amíg a keverék világos és krémes nem lesz.

g) Öntsük a sajttorta keveréket az előkészített tésztafélére, és süssük 35 percig, vagy amíg enyhén megpirul, és a közepére áll.

h) A süteményt kivesszük a sütőből és 10 percig hűtjük.

A FELTÉT ELKÉSZÍTÉSE:
i) Egy külön tálban keverjük össze a tejfölt, a cukrászcukrot és a vaníliát.

j) A kihűlt sajttortára kenjük a feltétet.

k) Tegyük vissza a süteményt a sütőbe, és süssük további 15 percig.

l) Hűtsük le a sajttortát szobahőmérsékletre, majd tegyük hűtőbe, amíg kihűl.

m) Közvetlenül tálalás előtt díszítse a torta tetejét kiviszeletekkel.

n) Élvezze a finom új-zélandi kiwi sajttortát!

90.Új-Zéland Pavlova

ÖSSZETEVŐK:
- 4 tojásfehérje
- 1¼ csésze porcukor (granulált).
- 1 teáskanál fehér ecet
- 1 teáskanál vanília esszencia (kivonat)
- 1 evőkanál kukoricaliszt (kukoricakeményítő)
- ½ liter tejszín
- 2 Kiwi gyümölcs
- 4 passiógyümölcs

UTASÍTÁS:
a) Melegítsük elő a sütőt 180°C-ra (356°F).
b) Elektromos habverővel verjük fel a tojásfehérjét és a cukrot 10 percig, vagy amíg sűrű és fényes nem lesz.
c) Keverjük össze az ecetet, a vanília esszenciát és a kukoricalisztet.
d) Adjuk hozzá a keveréket a habcsókhoz.
e) Nagy sebességgel verjük további 5 percig.
f) Egy tepsit kibélelünk sütőpapírral (nem kenjük meg).
g) Rajzolj egy 22 cm-es kört a sütőpapírra.
h) A pavlova keveréket a kör szélétől 2 cm-re a sütőpapírra kenjük.
i) A forma lehetőleg kerek és egyenletes legyen.
j) Simítsa el a felső felületet.
k) Helyezze a pavlovát az előmelegített sütőbe, majd csökkentse a sütő hőmérsékletét 100 °C-ra (212 °F).
l) A pavlovát 1 órán át sütjük.
m) Kapcsolja ki a sütőt, nyissa ki kissé a sütő ajtaját, és hagyja a pavlovát a sütőben, amíg ki nem hűl.
n) Óvatosan emelje fel a pavlovát egy tálra.
o) Tejszínhabbal, szeletelt kivivel és friss maracuja péppel díszítjük.

91.Tim Tam Megfulladt

ÖSSZETEVŐK:
- 1 gombóc csokis gelato vagy fagylalt
- 1 adag eszpresszó
- 1 evőkanál amarula
- összetört Tim Tam kekszet

UTASÍTÁS:
a) Egy adagolópohárba tegyünk egy gombóc csokis gelato-t vagy fagylaltot.
b) Öntsön egy adag forró eszpresszót a zselatóra.
c) Adjunk hozzá egy evőkanál amarulát az affogatóhoz.
d) Megszórjuk összetört Tim Tam keksszel.
e) Azonnal tálaljuk, és élvezzük a csokoládé, a kávé és a keksz elragadó kombinációját.

92.Hokey Pokey Jégkrém

ÖSSZETEVŐK:
- 2 csésze vanília fagylalt
- 1 csésze hokey pokey (méhsejtkaramell), összetörve
- Csokoládé szósz

UTASÍTÁS:
a) A vanília fagylaltot egy tálban megpuhítjuk.
b) Hajtsa be az összetört hokey pokey-t.
c) Tegye a keveréket egy edénybe, és fagyassza le, amíg megszilárdul.
d) Tálalás előtt meglocsoljuk csokoládészósszal.

93.Feijoa Elmorzsol

ÖSSZETEVŐK:

- 6-8 feijoa, meghámozva és felszeletelve
- 1 csésze kristálycukor
- 1 csésze univerzális liszt
- 1/2 csésze hengerelt zab
- 1/2 csésze vaj, megpuhult
- 1 teáskanál fahéj
- Vanília fagylalt a tálaláshoz

UTASÍTÁS:

a) A sütőt előmelegítjük 180°C-ra.
b) Egy tálban keverjük össze a feijoát és a cukor felét. Sütőedénybe tesszük.
c) Egy másik tálban a lisztet, a zabot, a maradék cukrot, a puha vajat és a fahéjat omlósra keverjük.
d) Szórjuk rá a morzsás keveréket a feijoákra.
e) Süssük 30-35 percig, vagy amíg a teteje aranybarna nem lesz és a gyümölcs bugyog.
f) Melegen, egy gombóc vaníliafagylalttal tálaljuk.

94.Mānuka mézes és diós torta

ÖSSZETEVŐK:
- 1 lap kész omlós tészta
- 1 csésze dió, apróra vágva
- 1/2 csésze Mānuka méz
- 1/2 csésze barna cukor
- 1/2 csésze vaj, olvasztott
- 2 tojás, felvert
- Vanília fagylalt a tálaláshoz

UTASÍTÁS:
a) A sütőt előmelegítjük 180°C-ra.
b) Egy tortaformát kibélelünk az omlós tésztával.
c) Egy tálban keverjük össze a darált diót, a Mānuka mézet, a barna cukrot, az olvasztott vajat és a felvert tojást.
d) Öntsük a diós keveréket a tortahéjba.
e) Süssük 25-30 percig, vagy amíg a töltelék megszilárdul és aranybarna nem lesz.
f) Tálalás előtt hagyjuk kihűlni egy gombóc vaníliafagylalttal.

95.Málna és fehér csokoládé szelet

ÖSSZETEVŐK:

- 200 g vaj, olvasztott
- 1 csésze édesített sűrített tej
- 250 g sima keksz, összetörve
- 1 csésze szárított kókusz
- 1 csésze fagyasztott málna
- 200 g fehér csokoládé, olvasztott

UTASÍTÁS:
a) Egy szeletformát kibélelünk sütőpapírral.
b) Egy tálban keverjük össze az olvasztott vajat és az édesített sűrített tejet.
c) Adjuk hozzá a tört kekszet, a szárított kókuszt és a fagyasztott málnát. Keverjük jól össze.
d) Nyomjuk a keveréket az előkészített formába.
e) A tetejére olvasztott fehér csokoládét szórunk.
f) Hűtőbe tesszük dermedésig, majd szeletekre vágjuk.

96.Afgán keksz

ÖSSZETEVŐK:
- 1 csésze vaj, megpuhult
- 1/2 csésze cukor
- 1 1/4 csésze univerzális liszt
- 2 evőkanál kakaópor
- 1 1/2 csésze kukoricapehely
- 1 csésze kókuszreszelék
- 200 g étcsokoládé, öntethez
- 1/4 csésze apróra vágott dió (elhagyható)

UTASÍTÁS:
a) Melegítsük elő a sütőt 180°C-ra (350°F), és béleljünk ki egy tepsit sütőpapírral.
b) A vajat és a cukrot habosra keverjük.
c) Szitáljuk bele a lisztet és a kakaóport, majd forgassuk bele a kukoricapelyhet és a kókuszt.
d) Csepegtessünk kanálnyi keveréket az előkészített tálcára, és enyhén lapítsuk el.
e) 15-20 percig sütjük, vagy amíg aranybarna nem lesz.
f) Hagyja kihűlni a kekszeket. A csokoládét megolvasztjuk, és minden keksz tetejére kenjük.
g) Ízlés szerint megszórjuk apróra vágott dióval.

97.Kiwi és eper apróság

ÖSSZETEVŐK:

- 1 piskóta, felkockázva
- 4 kiwi, meghámozva és felszeletelve
- 1 csésze eper, szeletelve
- 2 csésze puding
- 1 csésze tejszínhab
- 1/2 csésze reszelt mandula, pirított

UTASÍTÁS:

a) Egy apró edényben kockára vágott piskótát, kiviszeleteket és eperszeleteket rétegezzünk.
b) A rétegekre öntsük a pudingot.
c) Addig ismételjük a rétegezést, amíg az edény meg nem telik, majd egy réteg tejszínhabbal fejezzük be.
d) A tetejét pirított, reszelt mandulával tesszük.
e) Tálalás előtt néhány órára hűtőbe tesszük.

98. Nyalóka torta

ÖSSZETEVŐK:

- 150 g vaj
- 1 csésze édesített sűrített tej
- 250 g maláta keksz, összetörve
- 1 csésze szárított kókusz
- 1 csésze eszkimó nyalóka (gyümölcs ízű mályvacukor), apróra vágva

UTASÍTÁS:

a) Olvasszuk fel a vajat és az édesített sűrített tejet egy serpenyőben, alacsony lángon.

b) Egy nagy tálban keverjük össze az összetört maláta kekszet, a szárított kókuszt és az apróra vágott eszkimó nyalósokat.

c) Az olvasztott vaj és a sűrített tej keverékét öntsük a száraz hozzávalókhoz, és jól keverjük össze.

d) A keveréket egy bélelt szeletformába nyomkodjuk.

e) Hűtőbe tesszük dermedésig, majd szeletekre vágjuk.

99.Anzac keksz

ÖSSZETEVŐK:
- 1 csésze hengerelt zab
- 1 csésze szárított kókusz
- 1 csésze univerzális liszt
- 1 csésze barna cukor
- 125 g vaj
- 2 evőkanál aranyszirup
- 1/2 teáskanál szódabikarbóna
- 2 evőkanál forrásban lévő víz

UTASÍTÁS:
a) A sütőt előmelegítjük 180°C-ra.
b) Egy nagy tálban keverjük össze a hengerelt zabot, a szárított kókuszt, a lisztet és a barna cukrot.
c) Egy serpenyőben lassú tűzön olvasszuk fel a vajat és az aranyszínű szirupot.
d) A szódabikarbónát forrásban lévő vízben feloldjuk, és az olvasztott vajas keverékhez adjuk.
e) A nedves hozzávalókat a száraz hozzávalókhoz öntjük és jól összedolgozzuk.
f) Egy bélelt tepsire kanalazzuk a keveréket, és kissé elsimítjuk.
g) 15 percig sütjük, vagy amíg aranybarna nem lesz.

100.Arany szirupos párolt puding

ÖSSZETEVŐK:
- 1 csésze önkelesztő liszt
- 1/2 csésze cukor
- 1 evőkanál vaj, olvasztott
- 1/2 csésze tej
- 2 evőkanál aranyszirup
- Puding a tálaláshoz

UTASÍTÁS:
a) Egy pudingtálat kivajazunk.
b) Egy tálban keverjük össze az önkelesztő lisztet, a cukrot, az olvasztott vajat és a tejet, amíg jól össze nem áll.
c) Aranyszínű szirupot kanalazunk a pudingtál aljába.
d) Öntse a masszát az aranyszínű szirupra.
e) Fedjük le a medencét fedéllel vagy fóliával, és pároljuk 1,5-2 órán át.
f) Melegen, pudinggal tálaljuk.

KÖVETKEZTETÉS

Ahogy befejezzük utazásunkat a " A Végső Új-Zéland Gyorskaja Könyv" oldalain, szívből jövő köszönetünket fejezzük ki, hogy csatlakozott hozzánk ezen a finom kalandon. Reméljük, hogy ezek a receptek Új-Zéland nyüzsgő utcáira repítettek, lehetővé téve, hogy otthona kényelmében megkóstolhassa a Kiwi gyorskaja esszenciáját.

Ez a könyv több, mint egyszerű receptgyűjtemény; tisztelgés a Kiwi utcai ételkultúra szelleme előtt – egy olyan kultúra előtt, amely magában foglalja a sokszínűséget, a kreativitást és az ízletes pillanatok barátaival és családjával való megosztásának örömét. Miközben átgondolja az elkészített ételeket és a megkóstolt ízeket, arra biztatjuk, hogy továbbra is fedezze fel az új-zélandi gyorskaja világát, akár a saját konyhájában, akár a helyi piacokon és ételfesztiválokon.

Legyenek olyan gazdagok és változatosak az ezekhez az ételekhez kapcsolódó emlékek, mint maga Új-Zéland ízei. Köszönjük, hogy a " A Végső Új-Zéland Gyorskaja Könyv"-t kulináris utazása részévé tette. Egészen addig, amíg útjaink újra keresztezik egymást a finom felfedezések, a boldog főzés és a kai pai tō kai (élvezze az ételt) világában!

www.ingramcontent.com/pod-product-compliance
Lightning Source LLC
Chambersburg PA
CBHW050151130526
44591CB00033B/1251